新雅·名人館

新雅文化事業有限公司
www.sunya.com.hk

新雅 • 名人館

發明大王 **愛迪生**

編　　著：甄艷慈
內文插圖：黃穗中
封面繪圖：歐陽智剛
策　　劃：甄艷慈
責任編輯：潘曉華
美術設計：何宙樺　李成宇
出　　版：新雅文化事業有限公司
　　　　　香港英皇道499號北角工業大廈18樓
　　　　　電話：（852）2138 7998
　　　　　傳真：（852）2597 4003
　　　　　網址：http://www.sunya.com.hk
　　　　　電郵：marketing@sunya.com.hk
發　　行：香港聯合書刊物流有限公司
　　　　　香港新界大埔汀麗路 36 號中華商務印刷大廈 3 字樓
　　　　　電話：（852）2150 2100
　　　　　傳真：（852）2407 3062
　　　　　電郵：info@suplogistics.com.hk
印　　刷：中華商務彩色印刷有限公司
　　　　　香港新界大埔汀麗路 36 號
版　　次：二〇一五年八月二版
　　　　　10 9 8 7 6 5 4 3 2 / 2016

ISBN: 978-962-08-6388-2

請想像一下，如果沒有電話，沒有電燈，沒有錄音機，沒有電影，我們的生活會是怎樣的？那肯定是平淡、單調、乏味的。

正因為有了「發明大王」愛迪生，我們今天的生活才會如此的多姿多彩。上述的現代化生活用品，全部是愛迪生發明的。

1847 年 2 月 11 日，托馬斯‧阿爾發‧愛迪生誕生於美國俄亥俄州米蘭鎮。他在家中排行第七，父親森姆爾是一位小商人，母親南希結婚前是小學教師。

愛迪生一生只接受過三個月的學校教育，他所掌握的知識，全部是在媽媽的悉心指導下，自己勤奮自學而來的。

他曾在火車上當過報童，又曾經歷過長達五年的流浪電報員生涯。後來，在積累了豐富的知識和經驗後，他開始致力於各種造福人類的發明。他一生共有兩千多項發明，平均每十五天就有一項發明問世。當時在美國有一句這樣的話：「美國專利局的門檻已被愛迪生踏破了。」

愛迪生所發明的東西，大至在人類歷史中具有劃時代意義的電燈，小至與人們日常生活息息相關的各種用品，如複印機。真是包羅萬有！

有人把愛迪生的成功歸功於天才，愛迪生反駁說：「這完全是假話，艱苦的工作才是實在的。我的發明是靠實踐得來的，絕不是什麼天才。」

他曾有一句名言被廣泛引用：「天才，就是百分之九十九的汗水，再加上百分之一的靈感。」有人以為這只是愛迪生成名之後的一種謙辭，其實，這是他的發明研究過程的真實寫照。就電燈的發明，愛迪生所做的實驗就超過兩萬次，所做的筆記超過四萬頁。

愛迪生曾經結婚兩次，共育有六個孩子。1931 年 10 月 18 日，愛迪生與世長辭，享年 84 歲。

愛迪生一生贏得無數的榮譽，1922 年，他被選為美國當代十二大偉人中的第一名。千禧年到來之際，愛迪生又榮膺「十九世紀風雲人物」的稱號。

本書所展現的，正是愛迪生勤奮拼搏的一生。

目錄

一 孵雞蛋的男孩

1847年2月11日清晨，鵝毛般的大雪在美國俄亥俄州米蘭鎮的上空飄灑着。忽然，從伊利湖畔一棟紅色的小屋裏，傳出了一陣陣嬰兒的啼哭聲——一個新生命誕生了，他就是後來聞名世界的發明大王托馬斯·阿爾發·愛迪生。

愛迪生的降生，給他的父母帶來了無限的喜悦。父親森姆爾·愛迪生把嬰兒緊緊地抱在懷中，借着閃爍的燭光左右端詳：「親愛的，小傢伙一頭光澤的頭髮，藍色的大眼睛，像你呢！」媽媽南希贊同地點了點頭。

突然，又傳來了森姆爾驚恐的聲音：「親愛的，小傢伙的頭顱這麼人，身子卻這麼小，會不會有什麼毛病？他能不能長大？」

「能，當然能！仁慈的上帝決不會再一次搶走我們的孩子。」南希伸手接過孩子，親着孩子的小臉蛋，大

知識門

伊利湖：
位於美國和加拿大國境上。與蘇必利爾湖、密西根湖、休倫湖和安大略湖組成世界最大的淡水湖羣。伊利湖和安大略湖之間，有著名的尼加拉瓜大瀑布。

聲地説。

愛迪生出生時，他的爸爸已經四十三歲，媽媽三十七歲，他們一共生育了七個孩子，但有三個不幸夭折了，難怪爸爸剛才那麼恐慌。

冬去春來，愛迪生已經三歲了，他已學會了説很多的話。也由這時開始，他每天都變得「忙忙碌碌」的了。

説他「忙碌」，是因為他每天都有許多問題要思考，要問別人，還有許多事情他都要親自去實驗一番。他每天都顛着小屁股，在爸爸經營的木材加工場裏到處走，看大人們工作，並且不停地問這問那。

「山姆大叔，你為什麼要把木頭鋸短？」

「把木頭鋸短便容易裝上車了。」山姆大叔拍了拍愛迪生的小腦袋。

「哦！」愛迪生點了點頭。

「爸爸，那邊的螞蟻為什麼那麼多呀？」

森姆爾看了看天上的雲説：「很快就要下雨了，螞蟻在搬家。」

「天下雨，為什麼螞蟻就要搬家了呢？」

「這……唉，你這孩子，爸爸不知道！」森姆爾無法回答。

「你是大人，你怎麼可以不知道呢？」愛迪生歪着

小腦袋，認認真真地對爸爸説。

周圍的人都哈哈大笑。「哈哈哈，」森姆爾也忍不住大笑起來，一把舉起愛迪生，「傻小子，爸爸沒空，問媽媽去吧！」

愛迪生腳一沾地，便真的立即去找媽媽了。「媽媽，媽媽，為什麼天快下雨，螞蟻就要搬家？」

「那是因為螞蟻的感覺很敏鋭，牠們能從氣溫中知道天將要下雨，因此便把家往高處搬了。人們知道了螞蟻的這個生活規律，於是，當看到螞蟻搬家時，就知道天快要下雨了。」

媽媽南希結婚前是小學教師，她對幼兒心理學及教育學深有認識。她見到小愛迪生平日凡事都愛發問，心裏十分高興，暗忖：這個孩子日後長大一定會很有出息。因此，她每次都十分耐心而詳細地解答愛迪生的問題。

四歲這年，有一天，愛迪生跟媽媽到木材加工場旁邊的小屋取東西。突然，他見到母雞伏在雞窩裏一動不動，立即好奇地走上前去。

「咕咕，咕咕。」母雞見到有人走近，便警覺地發出叫聲，並抖了抖翅膀。愛迪生見到母雞身下有十多個雞蛋。

「媽媽，母雞為什麼伏在雞蛋上面？」

「牠正在孵小雞。母雞伏在蛋的上面，使那些蛋溫

暖起來，到時候，一隻隻小雞就會從蛋殼裏鑽出來了。走吧，寶貝，我們回家了。」

愛迪生一邊跟媽媽走，一邊回頭望着雞窩，一個主意在他心裏產生了。

第二天，愛迪生不見了。起初森姆爾和南希以為他和小伙伴去玩，忘了回家吃飯。但到了下午仍不見他回來，家裏人慌了，到處找他，但問過了所有的人，都説沒看見愛迪生。

「唉，這孩子會不會又出什麼事了呢？」森姆爾搓着雙手，在屋裏來回地走着。森姆爾怎能不擔心？愛迪生凡事都去試驗、探索一番的性格，令他曾有過多次死裏逃生的經歷了——有一次在河裏差點被淹死，又有一次掉進倉庫的小麥堆裏差點被悶死，這一次……

還是媽媽了解愛迪生。她想起了昨天的事。「森姆爾，你到木場旁邊的小屋找找，愛爾可能在那兒。」「愛爾」是家裏人對愛迪生的愛稱。

「愛爾，愛爾！」森姆爾一邊找，一邊大聲叫着。

「噓，別那麼大聲！我在孵小雞哪！」愛迪生蹲在牆角，用手勢制止父親。

「什麼？你在孵小雞？傻孩子，人怎麼可以孵小雞呀！」

「怎麼母雞可以，人卻不可以？」愛迪生嘟着小嘴，不肯站起身。

「傻小子，人不同雞嘛！快起來！」森姆爾將愛迪生一把拉起來。

回到家裏，森姆爾把愛迪生孵雞蛋的情形繪形繪聲的描述了一遍，媽媽和哥哥、姐姐們都笑彎了腰。從此，「愛爾孵雞蛋」便成了他們家裏一個常用來談笑的話題。

愛迪生可不管這些，只要看到好奇的事物，他仍會千方百計地去親自實驗一番。

這天，他到鄰居傑克大叔家玩，見到傑克大叔正擺弄着一個裝滿空氣的袋子。一不小心，傑克大叔的手一鬆，袋子飛走了。愛迪生看得呆住了。他想，袋子裝滿空氣就可以飛了，如果人的肚子裏裝滿空氣，是否也可以飛呢？

他見過媽媽做麵包的情形，只要把發酵粉摻在麵粉裏，就會發出氣泡了。「對，就是這麼回事。」

他立即找到了他的好朋友麥格爾。麥格爾是一個比愛迪生大三歲的男孩，他們常在一起玩，麥格爾很佩服愛迪生的聰明，所以愛迪生叫他做什麼他都會做。

「麥格爾，你想不想飛到天上看看呀？」

「想啊，但怎樣可以飛呀？」

「我有辦法了。你把這包發酵粉吃下去，肚子裏慢慢的充滿了氣，你就可以飛起來了！」愛迪生倒了一碗開水，把發酵粉倒進去，叫麥格爾喝了，然後叫他站在房子中央，自己則站在麥格爾的對面，看他的反應。

「怎麼樣？有感覺了吧？」

「沒有。哎喲，我的肚子有點痛。」

「這就是有反應了，忍着點，好傢伙，你很快就可以飛了。」

「哎喲喲，不行了，我的肚子好痛呀，痛死我了！」麥格爾大聲叫了起來，豆大的汗珠一顆顆滴了下來，他用手捂着肚子，痛得蹲在地上。

麥格爾的哭聲驚動了南希，「發生了什麼事，愛爾？」

「沒什麼，我在和麥格爾做飛行實驗。」愛迪生雙手托着麥格爾的兩腋，專心致志地説。「麥格爾，不要哭，你很快就可以飛了。」

「噢，上帝，麥格爾怎樣了？」

「沒什麼，我讓他吃了點發酵粉，這樣他就會飛了！」

「什麼？你讓麥格爾吃發酵粉？」南希大吃一驚，

「愛爾，你闖禍了！我們要快點請醫生來。」

麥格爾經醫生診治後痊癒了，但愛迪生卻感到十分遺憾。「真可惜，麥格爾如果再堅持一下，我們就成功了！」

正是這種好奇、凡事愛尋根究底，並且任何事情都想親自體驗一番的性格，令愛迪生日後成為聞名世界的發明大王。

愛迪生七歲的這一年，米蘭鎮的鐵路通車，米蘭運河的航運業因此而大受影響，森姆爾的木材生意一落千丈，於是森姆爾決定舉家遷往距米蘭鎮一百英里的休倫港。到了新居不久，愛迪生患了猩紅熱。這一病就病了數個月，以致耽誤了他入學讀書。

知識門

猩紅熱：

急性傳染病。患者多為三歲至七歲的兒童，通常在冬季或春季流行，主要症狀是發熱、喉痛、頭痛，全身有點狀紅疹等。常見的併發症為腎炎、中耳炎等。

想一想

1. 南希看到愛迪生凡事愛發問的性格，她是怎樣做的？

2. 從孵雞蛋一事中，你認為愛迪生是一個怎樣的人？

二 老師眼中的笨學生

「媽媽，您真的帶我上學嗎？」愛迪生背着小書包，十分高興地對媽媽説。

這一天，他已經盼望很久了。以前每當看到同齡的小朋友上學時，愛迪生就羨慕不已，這一天終於到來了，他開心得背着書包在家裏跳來跳去。

「是的，愛爾，我們走吧！」媽媽南希笑着點點頭，然後彎腰在愛迪生的額頭上輕輕地親吻了一下。

這一年，愛迪生已經八歲了。

愛迪生坐在座位上盼望着老師快點到來。他想起媽媽的話：老師將會教他認識許多事物，以前那些不明白的事情都可以在老師這兒獲得解答。因此老師一進課室，愛迪生就舉手提問題了。

「老師，為什麼雨會從天上落下來？為什麼大雨過後，天上會出現彩虹？」

「什麼？什麼？亂彈琴！」五十多歲的恩格爾老師從來沒見過這樣的學生，愛迪生的行為令他生氣。

愛迪生心中的疑問沒有獲得解答，反而受到老師

的訓斥。不過，他並沒在意，過了一會兒，他又提問題了。

「老師，為什麼小鳥有翅膀就可以飛得很高，而雞同樣有翅膀卻飛得不高呢？」

這樣的事情經常發生。可以說，愛迪生令恩格爾老師感到頭痛，他以前教過的學生從來都不會提問，他只需要學生死記硬背他教過的東西。而愛迪生卻恰恰相反，凡事都愛問為什麼，這令他覺得忍無可忍。

一天，南希突然接到學校要愛迪生退學的通知書，她感到十分愕然，於是立即前往學校問個明白。

「很抱歉，我認為愛迪生是一個不適合留在學校讀書的學生，他的資質十分低，老實說，我從未教過這樣笨的學生。」恩格爾老師慢條斯理地說。

「你憑什麼這樣說？」南希有點生氣。

「憑什麼？事實多的是，我告訴你，愛迪生從來都無法認認真真的聽過課，每次考試都差不多是倒數第一。每次上課，他都問些稀奇古怪的問題，就說昨天上算術課吧，他不好好的回答我二加二等於多少，卻纏着問我為什麼二加二等於四，這不是白癡嗎？」

南希終於明白了事情的緣由，她不再生氣，倒是覺得兒子跟着這樣一個扼殺學生的靈氣及求知慾的老師，

有害而無利，她決定自己親自教導愛迪生。

從滿懷對知識的渴求而入學，到因失望而離開校園，愛迪生只接受了三個月的學校教育，這也是他一生所接受過的學校教育了。

「愛爾，你過來。」

愛迪生順從地走到媽媽身邊，南希拉起了愛迪生的小手，說：「恩格爾老師說你是一個低能兒，但在媽媽眼中，你是一個聰明的孩子。從今天起，媽媽親自教你讀書，你願意嗎？」「願意！」愛迪生大聲地說。

南希欣喜地點了點頭。她頓了一頓，又對愛迪生說：「許多大科學家小時候都曾被人認為是低能兒，好像發現萬有引力定律的牛頓、發明蒸汽機的瓦特，他們小時候都曾被認為是資質平庸的人，但他們不怕別人的譏笑，自己不斷努力，結果成為舉世聞名的大科學家。」

「媽媽，我長大後，也要像牛頓和瓦特那樣了不起！」愛迪生挺了挺胸，大聲地說。

望着愛迪生稚氣的臉上那認真的表情，南希笑了。她把愛迪生拉進

牛頓：

（1642～1727），英國數學、物理和天文學家。首創萬有引力原理，確定物體運動的法則。

瓦特：

（1736～1819），英國發明家。發明蒸汽機、氣壓表、火車頭等，開近代工業的新紀元。

懷裏，並親了他一下，説：「媽媽相信你一定能！」

自此之後，愛迪生每天都跟着媽媽讀書。南希教導孩子很有經驗，她認為思考和理解比單純的記憶重要得多，因此她根據愛迪生的性格特點，為他制定了一套完善的學習計劃。

在媽媽的指導下，愛迪生閱讀了大量的文學名著以及歷史方面的書籍，包括莎士比亞的戲劇、雨果的小説、吉本的《羅馬帝國衰亡史》等。

媽媽為愛迪生打開了知識之窗。從此，他如飢似渴地閱讀各方面的書籍，尤其是物理和化學方面的書籍，他特別感興趣。十歲的這一年，他讀到帕克的《自然與實驗哲學》，這本書是專門講物理和化學實驗的，裏面有簡明扼要的説明和詳細的插圖，愛迪生立即被吸引住了。從此，他經常照着書上介紹的方法去做實驗，並由此培養了他

知識門

莎士比亞：

（1564～1616），英國劇作家、詩人。他的作品剖析人性，刻畫入微。代表作有：《哈姆雷特》、《羅密歐和茱麗葉》等，對歐洲文學和戲劇的發展有重大影響。

雨果：

（1802～1885），法國詩人、戲劇家及小説家。作品充滿浪漫主義色彩和社會批評色彩，代表作有：《巴黎聖母院》、《悲慘世界》等。

吉本：

（1737～1794），英國歷史學家。主要著作是《羅馬帝國衰亡史》，認為基督教的傳播是造成古羅馬帝國衰亡的原因。

進行實驗的能力。

　　為了做實驗，愛迪生把家中的地下室清理出來，找來了二百多個瓶子和試管，一排排的放在木架上，並在每個瓶子上都寫上「毒藥」二字，以免別人亂動它們。從這以後，他就把省下來的零用錢統統用來買實驗用品，一有空就鑽到地下室去做實驗。

　　一天，南希到地下室叫愛迪生吃飯。一進門，她便大吃一驚，只見木架上全是貼着「毒藥」字樣的瓶子，愛迪生正埋頭忙着。

　　「愛爾，太危險了，媽媽要關閉你的實驗室。」

　　愛迪生大吃一驚：「為什麼？媽媽！」

　　「你整天和毒藥打交道，萬一出事了怎麼辦？」

　　愛迪生「噗哧」一聲笑了：「媽媽，那不是毒藥。我是怕哥哥姐姐他們亂動我的東西而貼上去的，想不到您也被我騙了。我哪裏能夠找到這麼多的毒藥呢？」說完，愛迪生還調皮地向南希擠了擠眼睛。

　　南希也笑了，在愛迪生臉上擰了一把，「愛爾，你越來越調皮了。」愛迪生摟着南希説：「媽媽，我曾説過日後要像牛頓、瓦特那樣做個了不起的人，如果你關閉了我的實驗室，我怎樣去實現我的理想呢？」

　　愛迪生的話令南希心裏震了一下，她想不到當初

的談話是如此牢固地記在愛迪生的腦海中。她對愛迪生說：「愛爾，你有這樣的大志，很好。媽媽支持你。但是你一定要小心，注意安全。」

「是，謝謝媽媽！」愛迪生大聲回答。

自從搬到休倫港後，愛迪生的父親曾經營過多種生意，但都失敗了，家裏的經濟不再富裕。懂事的愛迪生決定到農場做工，賺錢幫補家計，另一方面也好攢些零用錢買實驗用品。

「愛爾，告訴你一個好消息。」這天，愛迪生正準備送鮮花到鎮上賣，和他一起做工的小伙伴興沖沖地跑來，「休倫港到底特律的火車通車了，他們需要一個報童，你有膽量去試試嗎？」

底特律：
位於伊利湖的西北岸，曾是世界首屈一指的汽車工業城，城內有多所高等學校、博物館和大圖書館。

「啊，太好了，我當然有膽量啦！」愛迪生高興得跳了起來。接着，他似乎又想起了什麼，「嗨，如果我能到火車上當報童，我不但可以多賺些錢，而且還可以到底特律的公共圖書館看書呢！太好了！」

愛迪生早就聽人說過底特律的公共圖書館有許多藏書，這正好滿足他的求知慾。晚上回到家，愛迪生把自

己的設想告訴父母，但森姆爾和南希一致反對，他們認為愛迪生太小了。

「不，愛爾，爸爸和媽媽都不放心你去，倘若火車發生意外怎麼辦？」

「哪裏會呢？爸爸媽媽，你們讓我去吧，做這工作有許多好處呢！一來我可以賺錢幫助家裏及買實驗用品，二來我可以免費看報紙，三來我還可以到底特律的公共圖書館看書，聽說那兒有許多圖書呢！」愛迪生着急地説。

爸爸媽媽見愛迪生意志堅決，而且計劃周詳，就只好同意了。就這樣，愛迪生到火車上當報童去了。

這一年，愛迪生十二歲。

1. 為什麼愛迪生只上學三個月就退學了？

2. 你認為恩格爾老師的教學方法好嗎？為什麼？

三　火車上的報童

「嗚！隆——隆——隆！」火車向前奔馳，愛迪生斜依着車窗，望着向後閃去的田野、樹木和村莊，心裏有一種説不出的喜悦。突然，他想起了昨天和圖書館管理員的一番對話。

來往於休倫港和底特律的火車，在底特律會停留六個小時，愛迪生每天都利用這段時間到底特律公共圖書館看書。他每天都準時到來，而且風雨不改，很快的就引起了一位圖書館管理員的注意。昨天，愛迪生正在書架上找書的時候，這位管理員走了過來。

「喂，小傢伙，你天天到此來讀書，已經讀了多少書了？」

「我？」愛迪生抬頭望了管理員一眼，説：「我已經讀完第一個書架上的兩層書了。」

「什麼？」管理員聽了他這奇怪的回答，不禁大笑起來。管理員跟着又問：「我看到你剛才讀完的那一本書，和你現在手頭上拿的這一本，是完全不同的兩個類別。你是怎樣選書讀的呢？」

「我是按照書架上擺放的次序來讀的。我準備把這裏的藏書全部讀完。」愛迪生很認真地回答。

那位管理員聽了愛迪生的回答後，收起了笑容，很真誠地對愛迪生說：「你的精神令人佩服，但是讀書一定要有一個明確的目的，而不是拿到什麼便讀什麼，這樣的效果是不會好的。你以後要選定一個讀書目標，然後圍繞着這個目標來讀書。」

他的話給了愛迪生很大的啟發。「對，無論是讀書，還是做任何事情，我都應該定下一個明確的目標。」愛迪生暗暗想着。

愛迪生正想着昨天的事，忽然見到火車服務員史文森從一節空置着的車廂裏走出來。愛迪生想起了自己的實驗工作，於是立即走上前去。

「史文森大叔，您這節車廂反正是空着沒用的，可不可以讓我在此做些小實驗呢？」

史文森看了看愛迪生，他很喜歡這個機靈勤快的小孩子，於是點頭同意了。「好吧，不過你要小心，否則我就把它收回。」

「謝謝您！」愛迪生高興極了。第二天，他就把家裏的所有的實驗用品都搬上了車廂。自此之後，愛迪生賣報之餘，便埋頭做實驗中去了。

這期間，發生了一件不幸的事情。一天，月台上，一羣乘客正圍着愛迪生買報紙。突然，「嗚」的一聲，汽笛響了，愛迪生立即往火車上跑。當他雙腳剛跳上火車的踏梯，身子尚未站穩時，火車就「嗚——隆」一聲開動了。愛迪生身子向後一仰，由於雙手抱着報紙，無法抓扶手，眼看就要掉下去了，千鈞一髮之際，站在火車門口的史文森不顧一切，伸出雙手把他拉進車廂。

愛迪生得救了。但由於危急中，史文森只是抓住了愛迪生的雙耳把他拉上來，而愛迪生小時候曾患過猩紅熱，中耳早已受過損傷，史文森這一拉，便進一步損傷了愛迪生的聽覺神經，造成了愛迪生終身兩耳半**失聰**①。

失聰並沒有影響愛迪生的生活信心和意志，他如常人一樣地工作和生活。

晚年時，當他回憶起這一次事件，樂觀頑強的他竟這樣說：「如果當時不是史文森大叔拉我一把，就沒有發明家愛迪生；如果不是我雙耳失聰，讓我避免了外界許多紛雜喧囂的雜音干擾，可以盡心從事各種實驗，也就沒有了愛迪生的發明。」

---

① **失聰**：喪失聽力，即耳聾。

1862年4月，美國歷史上著名的南北戰爭已進行了一年多，人們對戰局的消息越來越關注，對報紙的需求也就更加殷切。

一天下午，愛迪生到《底特律自由報》編輯部探訪朋友，無意中見到朋友的桌子上擺放著的一張報紙清樣，上面詳細報道夏洛伊戰役中北方軍隊和南方軍隊激戰的過程。

愛迪生立即想到，這樣的信息一定是很多人都想看到的。於是，他立即到《底特律自由報》的總編輯那兒，要求賒購一千五百份報紙，然後他又請求火車站的電報員，把這條信息傳送到鐵路沿線的城鎮。

由於人們從火車站的布告板上預知了這條新聞，因此當愛迪生一到站時，人們便立即湧向他，爭着買報紙。往日只能售出一兩份報紙的小鎮，今天竟然一下子售出二百多份，這使愛迪生非常興奮。

在第一個小站，他是以平日的價格售出的，每份五分錢；到了第二站，他便把報紙價格提高到一角錢；到

知識門

南北戰爭：
1861至1865年美國所發生的內戰。其原因是美國南部與北部之間，因社會、經濟、文化制度的不同，而引起各方面的歧異。後來以是否應廢除奴隸制為導火線，爆發了為期四年的戰爭。最後北方獲得勝利，統一了美國。

清樣：
從最後校改的印刷版上打下來的校樣，有時也指最後一次校正付印的校樣。

了最後一站時，他把報紙價格提高到每份二角半，但仍供不應求。那天，愛迪生是大大地賺了一筆了。

自從在火車上當報童後，愛迪生每天都交一美元給母親幫補家計，但這天，愛迪生足足給了母親一百美元，南希大大地吃了一驚。

「愛爾，告訴媽媽，你一下子去哪裏找到這麼多錢？」

「這是我今天賣報得來的。」

「賣報怎可能有這麼多錢？你不是騙人吧？」爸爸森姆爾也擔心地走了過來。

「爸爸媽媽，你們放心好了，我怎麼會騙人呢？我今天賣了一千五百份報紙。爸爸，這張報紙是我今天特別留給您的。」

森姆爾打開報紙，一看標題，就知道愛迪生所講的是真話了。

正當森姆爾和南希在看着愛迪生帶回來的報紙時，一個念頭又在愛迪生的腦海裏產生了。

「爸爸媽媽，我準備自己辦一份報紙。」

「什麼？」森姆爾和南希異口同聲發問，他們以為自己聽錯了。

「我想自己辦一份報紙。」愛迪生一字一字地説。

「辦報紙？你有這樣的能力和水平嗎？再說，你哪裏有消息來源？」森姆爾扶了扶老花眼鏡，懷疑地問。

「爸爸，您不用擔心。」愛迪生胸有成竹地說，「我每天看報紙除了看內容之外，對報紙的版頭、標題和編排等，我也會細心推敲一番，我已基本上掌握這些知識了。至於新聞內容，我自有辦法。」

森姆爾和南希都了解愛迪生的性格，只要下決心去做，他就一定要去實現的，因此他們不再勸阻。

不久，一份名為《先鋒週報》的報紙誕生了，它就是愛迪生的心血結晶。從新聞編寫到印刷，都是愛迪生一手一腳包辦的。

別看這份報紙篇幅不大，內容卻是十分豐富，而且很有自己的特色。

這份報紙在火車上誕生，讀者對象主要是鐵路沿線的民眾，因此除了有一般的社會新聞之外，還特地設有鐵路沿線各地情況的報道、火車行車時間、市場信息、物價行情等。發行不久，便有五百訂戶，就連當時英國最大的一家報紙——《泰晤士報》，也曾報道過它的消息，並引用過它的文章呢。

這一年，愛迪生十五歲。

想一想

1. 你怎樣看待愛迪生把報紙價格提高出售的做法？如果是你，你會這樣做嗎？為什麼？

2. 愛迪生在火車上創辦的報紙叫什麼？它有什麼特色？

四 第一次發明

　　一個炎熱的夜晚，呼嘯着的火車正往歸途進發。愛迪生銷售完當日的報紙，便回到他的實驗室——火車上原來空置的行李廂，準備編寫下一期的《先鋒週報》。

　　窗外繁星閃爍，交相輝映，火車以最快的速度向前飛奔，捲起了一陣陣熱烘烘的疾風，從小窗戶裏吹進來。愛迪生坐在窗前的木桌旁，聚精會神地構思着下一期的內容。

　　火車開到離休倫港不遠的一個地方，由於路軌不平，車速又快，車身驟然間猛烈地震盪起來，「啪噠」一聲，放在木架上的一瓶黃磷掉到地板上了，水和玻璃碎片濺了一地。黃磷是一種易燃的化學物質，遇上空氣就會自己燃燒。霎時間，行李廂的地板着火了。

　　時值盛夏，溫度奇高，那木製的行李廂，經過一天的暴曬，碰火就着，火舌迅速向四周舔去。愛迪生一面拿起掛在窗邊的外套撲火，一邊大聲高叫：「救火啊！救火啊！」

　　危急中，剛好史文森大叔從前面的車廂巡視回來，

他立即拿起一把濕**笤帚**①，拚命撲打，二人合力終於把火救熄。

救火聲驚動了旅客，也驚動了車長。當車長知道起火的原因後，不由分說，便把愛迪生趕下了火車，還把車廂裏的實驗用品一件件拋出車外，並大聲斥罵：「你這小子不想活了，我們還想活呢！以後如果你還敢在車上做實驗，我立即解僱你！」說完揚長而去。

望着被摔碎的裝着化學用品的玻璃瓶和試管，一滴眼淚從愛迪生的眼眶裏滾了出來。他呆呆地望着遠去的火車，心裏痛苦得就如刀子割着的一樣。過了很久很久，他才把未破碎的實驗用品包好，慢慢地走回家。

慈母的懷抱，任何時候都是孩子避風的港灣。當愛迪生難過地把事情告訴媽媽後，南希不但沒有責罵他，反而安慰他，並幫助說服了爸爸森姆爾，讓愛迪生重新把實驗室設在家裏的地下室。

此後，家裏的地下室又成了愛迪生的實驗室、編輯部和印刷所。火車實驗室被關閉的事件無疑是給了愛迪生前所未有的打擊，直到老年，當他回憶起這件事時，仍不禁眼泛淚光，說：「我一生中曾經歷過許多的不

---

① **笤帚**：用細竹枝紮成的掃帚。

幸，但從來沒有像失去第一個實驗室時那樣的絕望。」

但愛迪生並沒有因此而放棄他的追求，仍然一如既往地做實驗，賣報紙，編報紙。

1862年8月的一個早上，發生了一件足以改變愛迪生一生的事情。

那是一個和風宜人的早晨，開往底特律的火車在克來門山車站暫停，愛迪生走到鐵路旁邊的家禽場欣賞那裏的小動物。

不遠處，一列滿載乘客和貨物的混合火車正在卸貨，只聽「噹」的一聲響，一節貨車掛鈎脫位，「轟隆隆」的沿着鐵路岔道向前飛快地滑去。此時，愛迪生剛好轉身。突然，他看到一個兩三歲的小男孩正在那條路軌中央拋石子玩，一點也不知道火車正向自己滑來。

「不好了！」愛迪生大叫一聲，急忙把夾在腋下的報紙連同帽子扔到地上，一個箭步衝了過去，把孩子抱了出來，就在這一刻，火車在他們身後呼嘯而過。火車上和月台上的人目睹了這驚心動魄的一幕，都為愛迪生的勇敢行為發出了 陣陣的讚歎聲。

這個獲救的小男孩是克來門山車站的站長麥肯基的孩子。麥肯基聞訊趕來，從愛迪生手裏接過孩子，感激得只是連聲說：「謝謝，謝謝！」

　　愛迪生對這件事情並沒有放在心上，他認為自己只是做了一件任何人都會做的事情而已。但是麥肯基卻無法忘記此事，他一直想着如何才可以報答孩子的救命恩人。幾天後，麥肯基特地找到愛迪生，説：「我不知道怎樣才能報答您對我孩子的救命之恩。我想了好多天，我聽人説您對電報方面的知識很有興趣，我想教您學電報的收發技術，您喜歡嗎？」

　　「太好了，我當然喜歡！」

　　他們約定：白天，愛迪生仍在火車上賣報紙；晚上，當火車回程經過克來門山車站時，愛迪生就到麥肯基站長那兒學習電報收發的技術。

　　早在向麥肯基站長學習之前，為了弄明白電報機是怎麼回事，愛迪生就曾和一個對電報同樣有興趣的朋友狄克一起進行過這方面的實驗。他從自己家裏到狄克家，掛上一條長長的鐵絲當電線，用破布條將絕緣的玻璃瓶包起來，當作電磁線圈上的絕緣體，用小塊銅簧當作

知識門

電報：
利用電信號的傳輸來傳送文字或文件的通訊方式。傳送文字時，可直接將字母或數碼逐字逐碼地按特定的電碼來發送相應的電信號；收接的一方收到電信號後，用人工或自動的方法作出相應的文字記錄。

絕緣體：
不易傳電或導熱的物體。常見的有橡膠、陶瓷、玻璃等非金屬物體。

電報機鍵，自己編一些簡單的電碼，
每天深夜便和狄克開始收發電報的練
習。

電碼：

電報通訊中，用來傳送
字母、數字或標點等的
代表符號。現在通用的
有摩斯電碼和五單位電
碼兩種。

　　就是利用這種簡陋的裝置，愛
迪生弄明白了電報機的有關原理。
現在，經過麥肯基的悉心教導，不
久，愛迪生已完全掌握了電報的操作和一般故障的檢修
技術。

　　學會了電報技術，無疑是多了一項謀生的技能，也
由此改變了愛迪生的生活。從此，愛迪生的生命又揭開
了新的樂章。

　　十七歲這年，愛迪生在大幹線鐵道公司找到了一份
電報員的工作。對於愛迪生怎樣找到這份工作，有一段
小小的插曲。

　　1864年的冬天，休倫港下了一場前所未有的大雪。
冰塊切斷了休倫港和加拿大薩尼亞城之間的水底電線，
令兩地的聯絡中斷了，人們十分焦急。

　　愛迪生看到這情形，便自告奮勇，說他有辦法令兩
地的聯絡不會中斷。

　　大家問他有什麼辦法，他卻說：「我需要一列火車
和一個火車司機。」

「什麼？」大家都以為聽錯了，但愛迪生卻是一字一字地說：「我需要一列火車和一個火車司機。」

既然已沒有其他辦法可想了，大家抱着不妨一試的心態，看愛迪生是不是真的有辦法。

火車駛來了，愛迪生叫司機把火車盡可能地駛到最靠近河邊的路軌，然後叫他用汽笛發出長短不同的聲音，就像電報所用的摩斯電碼一樣。

摩斯電碼：
1838年由美國電學家摩斯發明的電碼，它由「點」（短電訊）和「畫」（長電訊）兩種符號組成。

這種奇特的汽笛聲傳到河對岸，加拿大那邊許多人都在傾聽這種長短不同的笛聲。不一會兒，薩尼亞城的電報員聽出名堂來了，一列火車也馬上開到河邊，就這樣，兩座城市的通訊又聯絡上了。

愛迪生用火車汽笛代替電報的事，傳到了大幹線鐵道公司的管理階層耳中，他們都十分欣賞愛迪生，認為他是一個頭腦靈活的人，於是聘請他為電報員。

愛迪生的具體工作是接收夜間電報，工作時間是每天晚上七時到第二天早上七時。按照大幹線鐵道公司的規定，值夜班的電報員，到了晚上九時之後，不管有事或沒事，都要每隔一個小時便向車務主任發出一個

「6」字的信號，證明他在清醒地值班，並沒有偷懶睡覺。

開始時，愛迪生是很忠實地執行的，但過了不久，他就覺得：「這是否需要變通一下呢？」

這是因為他白天忙着做實驗，晚上有時會覺得有點睏。而最主要的還是，經過一段時間的工作後，他已基本上摸熟了夜晚收發電報次數的規律，完全可以應付自如地把握好，但現在就因為這每小時一次的報訊，竟令自己在此呆呆地坐着，這不是浪費時間嗎？

「難道我就不能想個辦法嗎？」愛迪生正想着，「噹，噹，噹……」時鐘響了九下。愛迪生豁然開朗，他想到辦法了。

他設計了一個每小時拍發一次信號的自動發報機，巧妙地把時鐘和發報機的電鍵連接起來，每當分針走到一定位置時，電流就會接通，信號就會自動發射出去了。

這下可好啦！每個鐘頭的正點，車務主任都收到愛迪生工作的斯塔福站發來的信號，一秒不差。車務主任認為所有夜班電報員中，愛迪生最認真負責，因此，愛迪生受到「工作勤勉，盡忠職守」的嘉許。

誰料好景不長。一天深夜，車務主任有事，打了一

個電報到斯塔福站來，但久久沒收到愛迪生的回應。車
務主任覺得奇怪了：剛才還收到愛迪生發來的信號，為
什麼現在他沒有回應？莫非出了意外？

當時，美國的治安相當差，打劫、槍殺的事情經常
發生。車務主任放心不下，決定前去看個究竟。他帶了
一個助手，坐上手搖車，風馳電掣般趕到了愛迪生的值
班室。

昏黃的燈光下，愛迪生趴在桌上一動不動，車務主
任嚇了一大跳。待近前一看，他不由火冒三丈，原來愛
迪生正在香甜地睡大覺。

「啪！」一聲，愛迪生從睡夢中被驚醒。

「你竟然在值班的時候睡覺，還設計一個鬼東西來
欺騙公司！」車務主任大聲責罵愛迪生。

愛迪生連忙向車務主任道歉，並請求他不要把事情
上告到總公司那兒。

車務主任看了看愛迪生，又看了看桌上那個奇妙的
自動發報機，竟也因為欣賞愛迪生的聰明而心軟，口氣
和緩下來。

「好吧，我答應你不把此事告知總公司，但這個小
玩意我一定要拿走。以後不得再發生這種事，否則，再
沒人情可說。」

有人説，「需要」是「發明創造」之母。愛迪生的第一個小發明正是由於需要而產生的，不過，這個小發明卻差點令他丟了飯碗。

不久，愛迪生因其他事情而辭職，離開了大幹線鐵道公司，並由此開始了他五年的流浪電報員生涯。

1. 是誰教愛迪生學電報技術的？他為什麼要這樣做？

2. 你希望發明什麼來改善人類的生活呢？

五　流浪生涯

　　愛迪生離開斯塔福電報站後，回到了久別的家鄉，森姆爾和南希都十分高興。但愛迪生在家裏住了一段日子後，覺得閒着比日夜工作還要辛苦，於是他又外出找工作了。

　　當時，美國的南北戰爭已到了十分激烈的地步，各州間的戰爭把許多優秀的電報員從他們的工作崗位上調走了。因此，懂得電報技術的人找工作很容易。

　　愛迪生很快的在阿德里安找到了新的工作，但不久，他就被辭退了。事情是這樣的：有一次，他需要立即發一個重要的電報到下一個站，剛好當時電報佔線，他只好把線上的電報停了下來，因為當時的電報不能做到在同一條線上發出兩個電訊。誰料，他停下來的電訊正是自己的部門主管發出的。這位主管很生氣，不久就找了個藉口把愛迪生解僱了。

　　愛迪生對被解僱一事不太在意，但由此他卻萌生了一個想法。他想到：如果發明一架能在一條線路上同時

可以發送兩封電報的**雙重電報機**，這個問題不就可以避免了嗎？

雙重電報機：
在一條線路上，同時可以有兩封電報來往的一種高速自動電報裝置。

　　不久，愛迪生在路易斯維市找到一份工作。他仍然是老樣子，白天幹活，晚上做實驗。實驗對於他來說，就如吃飯一樣，每天不可缺少，不過，他就常常因此而丟了飯碗。

　　有一晚，愛迪生做實驗時不慎打翻了一瓶硫酸，硫酸順着地板縫漏入樓下的經理室，侵蝕了經理的寫字枱、地毯及其他東西。

　　第二天，經理回到辦公室，氣得大聲咆哮。當他知道是愛迪生的「傑作」時，立即派人把愛迪生叫來，大聲責問：「你用什麼東西把我的辦公室弄成這個樣子？」

　　「對不起，我昨晚做實驗時不小心弄翻了一瓶硫酸。」愛迪生懇切地道歉。

　　誰料經理一聽之下，就更生氣了：「你知道你做的是什麼工作嗎？是電報員，不是實驗員，你馬上給我滾！」就這樣，愛迪生又失業了。

　　之後，愛迪生又在幾個城市當過電報員，但每一次他都幹得不長久。從僱主的角度來看，愛迪生算不上一

名理想的員工，因為他一邊工作，一邊腦裏總是想着實驗和發明的事，有時甚至用公司的電報設備做實驗，而僱主需要的只是一個聽話的電報員而已。

而在這流浪的電報員生涯裏，愛迪生卻不斷地提高自己的發報技術。有時候，為了學習別人的發報技巧，他會通宵不寐地在旁觀看。不久，他就能以不尋常的速度拍發電報，把接收電報的工作做得又快又好，成為一名一流的電報員了。

在長達五年的流浪生涯中，愛迪生每到一個地方，都是租住價錢很廉宜的房子，然後騰出一部分空間做實驗，他的收入大部分都用來購買實驗用品和書籍。

一天，愛迪生花了兩塊錢買到了一大堆實驗用的參考書，重得幾乎拿不動，於是他把它們裝在袋子裏拖回辦公室。凌晨三時，下班時間到了，他便拖着這袋書回家。因為想早點回到家中看這些書，所以他走得很快。

「站住！」有人吼了一聲，但愛迪生因耳聾而聽不到，他繼續前行。

「呼！」一聲槍響，一發子彈從他耳邊掠過，愛迪生聽到槍聲回過頭來，只見一個持槍的警察氣沖沖的跑過來。「把袋子打開！」

愛迪生莫名其妙地把袋子打開，裏面的書倒了出

來。警察一看，並不是危險物品，立即變和氣了。「我剛才叫你站住，你為什麼不停下來？」

「我沒聽到你的叫聲，我的聽力幾乎沒有了。」

「噢，上帝！幸好我的槍法不準，否則你就沒命了。」警察滿懷歉意，「以後夜晚你還是盡量少上街好些。」

愛迪生笑了笑，説：「我是夜間電報員，我晚上怎麼可以不出街呢？」警察也笑了。

1867年底，愛迪生又回到久別的家。看着消瘦的愛迪生，森姆爾不禁搖了搖頭，説：「愛爾，你已在外面闖蕩多年了，還沒闖出什麼名堂，還是回家幫助料理生意吧！」

「不，爸爸，我是不會放棄我的理想的，我相信我的努力是不會白費的！」

媽媽南希始終是最了解愛迪生的人，她對愛迪生説：「愛爾，只要你認定了你所要走的路，就堅持下去，媽媽支持你。」

望着媽媽慈愛的面容，愛迪生的眼睛有點濕潤了。「爸爸、媽媽，你們放心吧，我一定不會令你們失望。」

這一晚，愛迪生第一次失眠了，他在深深地思考自

己要走的路，他不由自主地又想起了當年那位圖書館管理員的話。「對，一定要立定一個明確的目標，而且要鍥而不捨，同時還要講究策略。」

他想起了正在波士頓聯邦西部電報公司工作的好朋友亞當斯，於是立即給他寫了一封信。不久，亞當斯回信了，告訴他那兒有空缺，叫他立即前來。愛迪生開心極了。

1868年3月，愛迪生告別父母，又開始了他的奮鬥之旅。

波士頓：

美國東北海岸的大城市和海港，是美國最古老的港口和城市之一，著名的哈佛大學和麻省理工學院所在地。

想一想

1. 愛迪生為什麼經常被僱主解僱，你認為愛迪生是個好職員嗎？

2. 當愛迪生遇到挫折時，南希怎樣鼓勵愛迪生？你的父母會這樣鼓勵你嗎？

六 第一個發明專利

當愛迪生所坐的火車駛至多倫多時，剛好遇上一場前所未有的大風雪席捲而來，鐵路交通被中斷，令愛迪生到達波士頓的時間足足推遲了四天。

這下，愛迪生可狼狽了，因為他並沒有準備太多的錢在路上使用。因此，當他到達波士頓時，已餓得精疲力盡了。而他的裝束更難看：頭髮蓬亂，白襯衣的衣領積滿了塵垢，外套皺巴巴的。當他想進入聯邦西部電報公司時，守門的人把他攔住了：「喂，你找誰？」

「我找亞當斯。」

「你就在這兒等着，我把他叫出來好了。」

過了一會兒，亞當斯出來了，他一把擁住愛迪生，高興地說：「你終於來到了，太好啦，我們進去吧！我帶你去見經理。」

室內的電報員見到愛迪生的打扮，都不禁偷笑。愛迪生卻渾然不覺，因為他一直以來都是一個不修邊幅的人。他的鎮靜自若，立即贏得經理密立根的欣賞，他看得出愛迪生是一個實幹的人。他對愛迪生說：「亞當斯

曾向我詳細地介紹過你，他說你不但拍發電報的速度很快，而且還能寫一手很漂亮的字。我現在很需要這樣的人才，你什麼時候可以上班？」

愛迪生一聽可高興了，他立即回答：「現在就可以了。」

「那好吧，你回去梳洗一下，今晚五時半來上班。」

愛迪生準時前來，密立根給他一支鉛筆和一本黃色的拍紙簿：「你今晚的工作是接收《波士頓先驅報》的一篇專題報道。接收完後，把紀錄交給我。」

「好的。」愛迪生隨即在電報桌前坐下，向對方發出信號：「可以開始了。」

開始時，紐約的電報員拍發緩慢，但後來漸漸加快速度，有時還拍出了一連串的字，中間不分隔，使字母攪亂在一起，但這也沒有難倒愛迪生。

寫着寫着，愛迪生不經意的抬頭一望，發覺全室鴉雀無聲，所有的電報員都圍在他旁邊觀看，有的嘴角還露出看熱鬧的神態，愛迪生立即意識到這是他們在試探自己的本領。他不動聲色，繼續接收電報，為了顯示自己的從容不迫，他還故意在接收電報的空檔時間削削鉛筆。

四個小時過去了，愛迪生記錄的電訊不但沒有遺漏，而且字體整潔清楚，好像印刷的一樣。愛迪生看出對方已使出渾身解數了，於是在電報接收完後，也給對方開了一個玩笑，他拍了一份電報給紐約的電報員：「喂，請加上雙腳一起拍送吧！」

密立根接過愛迪生遞上來的電訊，十分高興，他稱讚說：「好，好，你的字體整潔漂亮，又沒有遺漏，這證明你的收發技術十分高。為了試試你的本領，我派出了本公司發報最快速的電報員做你的對手，看來，你一點也不比他弱。」

電訊在各位同事手中傳閱，他們都由衷地佩服愛迪生，沒有人敢再小看他了。

聯邦西部電報公司的電報員大多數是年輕的小伙子，下班後，他們常一起外出遊玩，但愛迪生卻從不參加到他們的行列中去。每天下班後，他不是看書就是做實驗，每天僅有四個小時的睡眠時間。

亞當斯問他：「愛迪生，每天只睡四個小時，你不覺得睏嗎？」

「不睏。」愛迪生說，「雖然四小時的睡眠時間似乎很短，但我睡得很熟，所以可以抵得上別人的八小時睡眠。有時候我覺得每一晝夜必須睡覺一次真是浪費

時間。人死了之後就可以長眠了，活着時就不需要睡太多，而是應該多工作，多讀書。」

「真拿你沒辦法。」亞當斯搖搖頭走開了。

一天，愛迪生買到了一本法拉第的《電學試驗》，這本書上有關電的知識比他以前讀過的所有書都要詳盡，書中所闡述的電報理論，使他受到極大的啟發。當晚下班回來後，愛迪生就捧着《電學試驗》讀起來，直到中午，竟忘記了吃飯。

亞當斯拿着一份三文治走了過來：「喂，該吃飯了！什麼書看得這麼入迷？」

愛迪生看了看亞當斯一眼，揚了揚手中的書，說：「是法拉第的《電學試驗》。」過了一會兒，愛迪生若有所思地說：「人的一生多麼短促，而要幹的事情又那麼多，若不勤奮努力，怎能工作得有成績呢！」

這段時間，《電學試驗》就成了他最好的伙伴。他把它當枕頭枕着，常常半夜一覺醒來，想到什麼問題，就立即拿出來看看。同時，他又做了許多實驗來驗證書本上的內容，從而獲得更多的電學知識，為日後在電學

法拉第：

（1791～1867），英國物理學家和化學家。他是一位自學成才的電學實驗者，被稱為「電學之父」。他發現了電磁感應現象，為後來的電動馬達、發電機和變壓器奠定了重要基礎。

方面的創造和發明，打下了牢固的基礎。

1868年10月11日，愛迪生擁有了美國專利局頒給他的第一個專利權，那是投票紀錄機的專利。

過程中，愛迪生曾多次一欄欄地接收過國會例會的投票消息。他知道每次議案表決，都需要書記

專利：
指政府對於發明新東西的人，准許他在一定的時間內，獨享其發明而得的利益。

走到每一位議員的面前，記錄他們對這個議案投「贊成」票或「反對」票，然後再把表決的結果統計出來，需要花費很多的時間。

於是，愛迪生想到，如果有一台自動投票紀錄機，這樣不就省事了嗎？不但時間縮短了，而且統計結果也會更準確。

說幹就幹，愛迪生馬上着手構思和設計，經過許多個不眠之夜，自動投票紀錄機終於製造出來了。有了這台自動投票紀錄機，議員們坐在自己的座位上，只要按動「贊成」或「反對」的按鈕，意見便會立刻在主席面前的儀器上顯示出來，全部票數的計算，也只不過是幾分鐘的時間而已。

辛勤的耕耘終於得到收成了，愛迪生十分興奮。他首先向麻省的官員們推銷，然而他們不感興趣。愛迪生

毫不氣餒，決定親自送到華盛頓去，向國會推銷他的專利品。

　　一個冷風嗖嗖的日子，愛迪生風塵僕僕地來到華盛頓國會。幾經交涉，他終於獲得議會主席的接見。議會主席看過專利證書，又細看了投票紀錄機的全部構造和裝置後，說：「好吧，年輕人，你演示一次給我看看。」

　　愛迪生一邊講解，一邊演示，他高興地把投票紀錄機的快速運算功能一一作了介紹。議會主席一邊看，一邊點頭。

　　介紹完畢，愛迪生說：「主席先生，您覺得這部投票紀錄機怎樣？」

　　誰料，議會主席說：「年輕人，你的發明無疑是很好的。不過，如果說地球上有哪一項發明是我們最不歡迎的，那麼就是你的投票紀錄機了。」

　　愛迪生眨了眨眼睛，不明白議會主席為什麼這樣說。

　　議會主席拍了拍愛迪生的肩膀，說：「年輕人，看來你不懂政治。因為在表決時，少數派要阻止議案的通過，通常是採用拖延時間的辦法。如果使用你的投票紀錄機，那豈不是等於剝奪了少數派的發言權嗎？」

　　愛迪生恍然大悟,由此,他也悟出了今後努力的方向:搞發明,首先一定要考慮人們的需要。否則,即使發明出來了,也是沒意義、沒價值的。

　　這次失敗並沒有令愛迪生灰心,他回到波士頓後,繼續研究「雙重電報機」,他認為這是一件對大眾有利的技術。與此同時,1869年1月,愛迪生向密立根辭職,他要把所有的時間和心思都用在發明方面。

　　自從愛迪生當年在阿德里安萌發了要發明一架電報機能在同一時間發出兩份電報的念頭,愛迪生心裏時常想着這件事。他知道,若他能找到一個方法來做到這點,電報的作用就會更大,成本也會降低。因此,只要有機會,他都會進行這方面的嘗試。

　　在他日以繼夜的研究下,「雙重電報機」終於設計出來了。他請求在聯邦西部電報公司的線路中試驗,但是聯邦西部電報公司對愛迪生的設計不感興趣,拒絕了他的請求。於是愛迪生轉而向聯邦西部電報公司的競爭對手,大西洋——太平洋公司申請。該公司表示感興趣,答應讓他利用羅切斯特到紐約的線路作試驗,並借給他八百美元,讓他

紐約:

美國第一大城市,是世界最大城市和最大海港之一,全國的交通樞紐和工業、金融業中心。聯合國總部設在市中心,周圍有六十多座衛星城市。

完善設備的最後部分。「如果試驗成功，我們會予以採用，並把它作為永久設備的一部分。」

　　1869年4月，愛迪生帶着機器來到距離紐約市三百英里的羅切斯特電報房，他利用這部機器把電報拍送到紐約，但是卻收不到回答的電報，結果試驗宣告失敗。事後才知道，失敗的主要原因是紐約的電報員並沒有完全懂得怎樣使用愛迪生的發明，所以他無法在電報線的那端按指導作業。但這時，大西洋——太平洋公司已對這個試驗失去興趣，拒絕再提供資助。

　　數月來的努力，以及多年的夢想都成了空想，愛迪生的錢用光了。在波士頓，他找不到更好的出路，於是，他決定到紐約去。

1. 愛迪生獲得的第一個專利是什麼？它受歡迎嗎？為什麼？

2. 愛迪生為實現夢想而不斷努力，你又有什麼夢想？你打算怎樣實現呢？

七 我叫什麼名字

1869年6月底，愛迪生乘船來到紐約。

下船後，他提着行李在街上漫無目的地走着，他又渴又餓，但口袋裏卻連一分錢都沒有。走到華盛頓市場附近，他看到一家店鋪的櫃枱上擺放着一包包的中國茶葉，是免費供給客人的。

愛迪生走了進去，拿了幾個小茶包，然後走到一家公共食堂。他對那食堂的老闆說：「先生，我這兒有幾包上好的中國茶，和你交換一些食物好嗎？」

那老闆品嚐了一下茶的味道，說：「唔，不錯。年輕人，你想換些什麼食物？」

「蘋果蛋糕。」

「好吧！」那人給了愛迪生一份蛋糕，還慷慨地送了一杯熱飲給愛迪生。

這便是愛迪生到紐約時吃的第一頓飯了。

愛迪生沒有地方住，只好整晚在街頭流蕩。後來他找到一位很久沒通音信的舊同事，誰料這位電報員也於一個星期前失業了，他無法幫助愛迪生，只好歉疚地

說：「很抱歉，我也是自身難顧呢，這兒有一美元，你先拿着吧！」

愛迪生想到一份蘋果蛋糕加一份熱飲只花五分錢，這一塊錢可以過好幾天了，於是他高興地接過這一美元，二人告別了。

一天，他突然想起和他在波士頓曾有一面之緣的富蘭克林‧波普。波普是一位在電報機方面很有經驗的電力總工程師，目前在一家股票情報公司工作。

波普見到愛迪生很高興，他對愛迪生在波士頓的發明也有所聞，他在愛迪生的肩膀上拍了一下，說：「好傢伙，幹得不錯呢。」

停了一會兒，波普為難地說：「真抱歉，現在股票情報公司沒有空缺，我無法替你安排工作。這樣吧，你先在我們公司的地下室住着，然後再一邊找工作，你認為怎樣？」

能有一個地方睡覺，對於在街頭流蕩了數天的愛迪生來說，已是一個不錯的機遇了，因此，他很高興地答應了：「好，暫時就這樣決定吧！」

當時的紐約，商業投機活動非常活躍，買賣股票風行一時。股票情報公司裏有一台機器，利用電報的原理，通過電訊向各家經紀商行報告每天的股票行情。愛

迪生對這台機器產生濃厚的興趣，每當職員下班後，他就走上前去認真的琢磨它，不幾天，他就弄清楚了它的結構。

有一天，這台機器突然發生故障，當時正是股票行情波動最大的時候，幾十家經紀商都派職員來查看，他們吵吵鬧鬧，要求立即把機器修好。

管理這台機器的技術人員急得團團轉，但他查來查去，始終找不出毛病。這時，愛迪生剛好在場，他走到機器旁邊仔細瞧瞧，發現一條彈簧折斷，卡住了兩個齒輪。

人們正吵鬧間，公司董事長洛斯博士和波普也趕來了。他們兩人也找不出毛病，洛斯急得發起火來，大聲責罵管理人員。

站在人羣後面的愛迪生突然走到前面，說：「先生，我知道機器的毛病出在哪兒。」

洛斯看了愛迪生一眼，咆哮着說：「那你還不快把它修好。」他不知道愛迪生並不是他的員工。

愛迪生迅速走到機器旁，他卸去彈簧，把新的零件裝好，機器又開始了運轉。兩個小時後，全部電報系統很順利地恢復收發了。

波普抓住這個時機向洛斯引薦了愛迪生，洛斯對愛

迪生説：「年輕人，請到我辦公室來。」

在辦公室裏，洛斯所問的都是有關電報方面的知識。愛迪生對電報方面的知識出乎洛斯的意料之外，洛斯當即決定：「年輕人，我很欣賞你的才幹和活力。從今天起，你就是我的員工了。你做波普先生的助手，本公司一切技術性的工作就由你們兩人負責。」

數個月後，波普辭去股票情報公司的職務，自己開設電力工程公司。洛斯立即決定讓愛迪生接替他的職位。數個月前，愛迪生是兩手空空的來到紐約，但今天，他成了一家頗有名氣的公司的總工程師了，他的命運的轉變似乎是戲劇性的，但實際上是他多年努力奮鬥的結果。

為了報答洛斯對自己的知遇之恩，愛迪生更加努力地工作；他把公司裏的機器加以改進，令公司的生意做得更好。可惜的是，愛迪生在此工作不久，洛斯便把公司賣給別的公司。

這事對愛迪生的衝擊很大，他想到：自己已有一定的事業基礎了，與其老是替人打工，還不如自己創業呢！他想起了波普。「對，找波普去！」

1869年10月，愛迪生加入了波普的電力工程公司，新公司改名為「波普——愛迪生電訊公司」，專門設計

和製造電訊工程的相關儀器。這種公司在美國還是首次出現。

現在，愛迪生處於一個適合自己特殊能力的理想位置了。多年來的電報員生涯，使他對那些影響電氣設備使用的實際問題有了一個幾乎是直覺的認識，因此，無論是在電報業務方面，還是與其相關密切的股市行情接收機領域，愛迪生都是得心應手的。

這年冬天，他們公司造出了一架新型的黃金行情印刷機。繼黃金行情印刷機後，愛迪生又發明了證券行情顯示機等，而愛迪生潛心多年的雙重電報機也終於研究成功了。美國的《電報雜誌》以《愛迪生與雙重發報技術》為題發表評論，認為這是「電報發展史上一件極有意義的大事」。自此，愛迪生在當地漸漸有名氣了，許多人都知道愛迪生是個了不起的發明家。

一天，金業證券電報公司的董事長拉費茲將軍請愛迪生到他的辦公室，愛迪生應邀而來。

在此之前，拉費茲請愛迪生替他們公司改進股票電訊器。這台以前常被客戶投訴的老爺機器，經過愛迪生的改進，性能大大改善，為金業證券電報公司帶來了豐厚的收益。這天，拉費茲是請愛迪生來商談報酬的。

「愛迪生先生，你改進了我們的股票電訊器，我

們對效果非常滿意，你認為我們應該付給你多少報酬呢？」

愛迪生事前沒有想到這個問題，因此，一下子他不知如何回答。他在心裏盤算着：為了這台電訊器，我花費了不少的時間和心血，如果索價五千元，恐怕也不算過分，不過如果他付三千元，我也可以接受了。不過，還是由他決定吧！

於是，愛迪生説：「拉費茲將軍，這次改進電訊器的情形你相當清楚，就由你來決定一個數目吧！」

拉費茲想了一下，説：「給你四萬元。這個數字會不會少了一點呢？」

「四萬元？」一聽到這個龐大的數字，愛迪生的心幾乎跳了出來。這筆款項足夠建一所規模頗大的實驗室了，太好了！

愛迪生壓抑着有點顫抖的聲音説：「好，就四萬元吧！這個價錢是合理的。」

拉費茲開了一張四萬元的支票給愛迪生，愛迪生立刻喜滋滋地去銀行兌換了。

在此之前，愛迪生和別人生意上的往來，一直都是現金交易的，從未使用過支票，因此他對銀行的有關規矩一無所知。他把支票遞給銀行職員，職員看完後把

支票遞回給他，説：「先生，請在支票背後簽上您的名字。」

由於隔着玻璃窗，銀行裏又人聲嘈雜，加上愛迪生的聽力每況愈下，所以愛迪生聽不到職員説什麼，他以為是這支票不能兑換錢，便伸手把支票拿了回來。

「難道是拉費茲騙我？不行，我一定要找他去。」愛迪生懷着疑惑和憤慨的心情走回拉費茲的公司。

拉費茲聽完愛迪生的責問，不禁笑彎了腰：「哎喲，我的大發明家，你要在支票背後簽上名字，職員才可以把錢付給你的。」

愛迪生的臉一下子紅到耳根，他也不禁「嘿嘿」地笑了。

當銀行職員又見到愛迪生時，他心裏不由發笑：這位發明家看來是個大傻瓜，我要捉弄捉弄他。

「先生，很抱歉，銀行現在沒有大額鈔票，只好給您這些小額鈔票了。」銀行職員遞給愛迪生一大摞小額的鈔票。

四萬元的小額鈔票塞滿了愛迪生身上所有的口袋，剩下的他只好用手捧着。愛迪生的狼狽樣子令到銀行裏所有的人都笑到直不起腰。

幸虧拉費茲將軍事前曾教他在銀行開設賬戶，把錢

存進去以後，才解了他的窘境。

愛迪生曾不止一次地說過，他賺錢的目的，在於籌措資金進行深入的試驗，使自己的發明成果得以在市場上出售。因此，他利用這四萬元，在新澤西州紐西克的華德街十至十二號租了一棟大樓作辦公室、實驗室和工廠。在這裏，他開始了他的獨立創業。

新澤西州：
美國東部的一個州，面積20,295平方公里，州府為特里頓。東北部緊臨大城市紐約，化學、汽車和機器等工業非常發達。

金業證券電報公司向他訂購了一千二百台新式的股票電訊器，其他的客戶也相繼送來了訂單，愛迪生需要僱用五十多名技術人員和工人。

愛迪生工作的桌子就放在實驗室一個角落裏，他和工人們一樣地工作。很快的，他對工作的熱誠就感染了在這兒工作的每一個人，而他的熱情和能力，也令到這兒的人對他十分敬重。

當有些重要的工作要快點完成時，愛迪生就吩咐工人們要做得快些，另外再給他們加報酬。當工人們完成一件艱苦的工作後，愛迪生就會在實驗室中為他們開一個慶祝宴會，或者是放幾天假，帶他們出海釣魚。

每當愛迪生完成一個發明，他就會躍起，情不自禁

地跳起一種類似非洲班圖族人跳的那
種原始舞蹈，這時候，工人們都會圍
攏在他的身邊，聽他講解，並分享他
的喜悅。所有在這兒工作的工人，都
不覺得是為愛迪生工作，而是和愛迪
生一起工作，他們尊稱他為「老頭
子」。其實這時愛迪生才二十三歲，他們當中的許多人
年齡都比他大。

班圖族：
散布於非洲中部內陸的
族羣，膚色為暗巧克力
色，頭髮鬈曲，以耕
田、狩獵為生，人口約
八百萬。

　　有一次，愛迪生叫工人們做一台價值三萬美元的機
器，但有的地方出了毛病，機器不能使用。愛迪生生氣
了，把工人們集中起來訓話：「如果找不出毛病出在哪
兒，任何人都不許跨出這大門一步。我現在就把大門關
起來，直到你們找出故障的原因。」

　　整整六十個小時，工人們被關在實驗室裏忙碌着，
他們的妻子都站在門外，有的人甚至哭着，喊着，但愛
迪生絲毫不為所動，直到機器修好為止。但是沒有一個
人因此事而對愛迪生產生恨意，當這件工作完成後，他
們又舉行了一個盛大的宴會。

　　和許多在科學上有建樹的人一樣，愛迪生也常常鬧
一些有趣的笑話，這是因為他太專注於發明的事了。

　　有一次，他接到政府寄來的稅單，上面寫着如果遲

付的話，就會加收百分之五的稅款。

愛迪生帶着錢到市政府去，那裏有許多人在排隊，愛迪生便站到人龍的末尾。排着，排着，他突然想起了**四重電報機**的事，他又陷入沉思中去了。

知識門

四重電報機：
在一條線路上，同時可以有四封電報來往的一種高速自動電報裝置。

他機械地隨着人龍前行，到交錢的小窗口時，他掏出錢交了上去。

「年輕人，你的名字？」職員從小窗口伸出頭來問他。

愛迪生驚訝地瞪大了眼睛：「我？我——我——不知道。」

「什麼？你不知道自己的名字？那好吧，你到那邊等着，等知道了自己的名字再來交吧！」職員調侃地說。

愛迪生果然乖乖地站到一邊去想自己的名字，但是始終想不起來。職員下班了，愛迪生只好往回走。走到半路，愛迪生遇到一位朋友，他如獲救星：「見到你真是太好了，快點告訴我，我叫什麼名字？」

朋友驚奇地問：「你說什麼？」

愛迪生認真地說：「剛才我去交稅，但我忘記了我的名字，請你快點告訴我。」

　　朋友仰天大笑：「哈哈哈，傻瓜，你叫愛——迪——生。」

　　第二天，愛迪生再去交稅，當然是要多繳百分之五了。

1. 愛迪生的外號叫什麼？你認為他的下屬為什麼這樣稱呼他？

2. 愛迪生因太集中於思考發明的事，就連自己的名字也忘記了，你對此事有什麼看法？

八　忘記新娘的新郎

正當愛迪生事業上剛邁向一個新里程的時候，在1871年4月9日，愛迪生突然接到休倫港家裏發來的一份緊急電報：「母病危，速歸。」

愛迪生匆匆忙忙將工作交代好，便連夜趕回家。但當他回到家時，媽媽南希已撒手塵寰了。愛迪生來不及見上他最敬愛的慈母一面，不由得傷心地撲在母親的遺體上失聲痛哭。

森姆爾抹着眼淚走過來扶起他，說：「愛爾，你媽媽到去世的前一刻，仍然掛念着你。她說你沒有令她失望，她終生以你為榮。」

愛迪生聽後更加傷心，他想，如果我能發明一台機器，把媽媽的聲音留下來有多好啊！

夜已深了，愛迪生走回他以前住的房間，發覺房間打掃得乾淨整齊，就像他在家中住着時一樣，忍不住又掉下淚來。往日和媽媽一起生活的情景一幕幕的湧上心頭。他想起了每當自己迷茫或遇到挫折時，總是慈母給他鼓勵和支持，然而慈母竟然在他事業上剛露曙光的時

候就永遠的離開了他。此時，他只覺得心如刀割。

「留聲機，留聲機，能留下慈母聲音的留聲機。」

愛迪生隨手在桌上畫着。漸漸的，一個清晰的思路在他腦中產生了，他決心日後要發明一種能錄下人類聲音的機器，讓家庭中的人可以錄下上一代人所說的話，以便留給子孫聽；人們甚至可以用彼此間的錄音來代替寫信。

留聲機：
於1877年由愛迪生發明。它由旋轉機和唱頭兩部分組成，將錄音的聲波再度重現播放。這種機械已被淘汰，由數碼音響設備所取代。

從休倫港回到紐約後，愛迪生又埋頭於他的發明和工作，這時候，他心中有的只是研究、工作、研究，其他的事情都不太在意。

但不久，有一個人打破了他平靜而單調的生活，她就是愛迪生的第一任妻子瑪麗·史提威爾。他們的姻緣始於一個風雨交加的夜晚。

和平常一樣，愛迪生照例是很晚才離開辦公室。這晚，當他打開大門時，他見到兩個女孩子站在門口的屋檐下避雨，於是他邀請她們到室內坐坐，待大雨停了再走。

當中的一位女孩子披着一頭長長的金髮，愛迪生第

一眼望到她，便覺得心頭怦然一動，之後，他總也忘不了她。

第二天，他立即去打聽這個女孩子的名字。他打聽到她名叫瑪麗‧史提威爾，出身於一個清貧但高尚的家庭，那天和她一起的是她的妹妹。

愛迪生高興極了，他決心去追求她。

當時，很少有女孩子外出工作，但愛迪生的公司裏仍是有幾個女職員。因此，愛迪生邀請瑪麗到他的公司工作，瑪麗答應了。

愛迪生對瑪麗的愛表現得很獨特，他常常不做任何事情，也不說一句話，只是站在瑪麗的身邊，靜靜的看着她，直到瑪麗被看到不好意思，緊張地叫起來：「喔，愛迪生先生。」

旁邊的職員也忍不住笑起來，他們知道，他們的「老頭子」愛上瑪麗了。

有一天，愛迪生對瑪麗說：「你對我的看法怎麼樣？小女孩，你喜歡我嗎？」

其實這時愛迪生才二十四歲，瑪麗只比他小八歲，但他卻故意用長者的語氣對她說話。

瑪麗不知怎麼回答，於是又應了他一聲：「喔，愛迪生先生。」

愛迪生看到她這個樣子，便對她說：「你不必急着回答我。你考慮看看，並告訴你父母，然後再告訴我答案。」

過了一會兒，愛迪生又對瑪麗說：「下個星期三吧，我想那時最好。」

當時，美國的社會風氣還相當保守，年輕的青年男女，如果沒有長輩在場是不許單獨相處的，這樣，年輕人想說悄悄話，就要細聲交談了。但這時候，愛迪生的聽力已很差，必須要別人大聲說話他才可以聽到。

於是，聰明的他想到了一個獨特的交談方法：他叫瑪麗手裏捏着一枚硬幣，然後他用手指依照電報系統來彈它，這樣外人就不知道他們在講什麼了。

一天，愛迪生又來探訪瑪麗。

望着溫柔漂亮的瑪麗，愛迪生覺得應該儘早向她求婚。於是他又拿出了硬幣，讓瑪麗捏着，用電碼對瑪麗說：「我整天都想着你，你願意和我結婚嗎？」

瑪麗的臉一下子紅了，她把硬幣塞到愛迪生手中，同樣用電碼回答他：「我很樂意接受你的求婚。」

瑪麗的父母就坐在他們旁邊，還以為他們在玩什麼遊戲呢！

　　1871年聖誕節，愛迪生和瑪麗結婚了。但是結婚的第一天，愛迪生就讓新娘獨守空房。

　　此時，愛迪生正潛心於四重電報機的發明中。婚禮完畢後，愛迪生和新娘回到他們的新房中，愛迪生望着前來祝賀的親友，突然腦海裏一閃，「也許這個方法可以解決四重電報機中的線路問題。」

　　他轉身輕輕地握了握瑪麗的手，説：「親愛的，我有點事回實驗室一會兒，你招呼親友們吧，我很快就回來。」

　　誰料，他一去就忘記回來了。

　　夜幕漸漸降臨，親友們早已告辭回家。獨坐新房的瑪麗害怕得有點想哭了。

　　而此時的愛迪生，又在為一個新出現的問題而冥思苦想。

　　剛好，一個工人回實驗室取東西。他推開門見到愛迪生，大吃一驚：「你怎麼還在這兒？」

　　愛迪生説：「幾點鐘了？」

　　「就快十二點了。」

　　「糟糕，我忘了我今天結婚了。」愛迪生用手一拍額頭，「瑪麗等我回去吃晚飯呢！」

　　愛迪生撒腿就往家裏奔。

第二天，愛迪生帶瑪麗到尼加拉瓜瀑布度蜜月。但瑪麗因愛迪生在結婚的第一天就讓她獨守空房，她心裏仍有點害怕，於是把妹妹也帶上了。

結婚後的愛迪生再也沒有後顧之憂，瑪麗是一個善良而體貼丈夫的妻子，愛迪生得以把全部精力和時間放在發明上，並且相繼完成幾項對人類文明產生深遠影響的重大發明。

尼加拉瓜瀑布：
位於美國和加拿大的國境上，因伊利湖的水流入安大略湖而成。落差49米，寬約1,240米，景觀雄偉，是著名的旅遊區。

不久，四重電報機研製成功，這期間，他們的兩個孩子相繼出世。

愛迪生給女兒杜蒂取的愛稱叫「多特」，兒子托馬斯·阿爾發的愛稱叫「達什」，它們的意思分別是「點」（dot）和「畫」（dash），都是電碼中的符號。由此可見，愛迪生對電報研究的入迷程度是多麼的深。

但是四重電報機的成功，不但沒有給愛迪生帶來任何的收益，反而讓他陷入了一場糾纏不清的官司，甚至使得他一度必須向人借錢來供給家庭開支。

悲傷加上氣憤，於是愛迪生決定結束這裏的事業，到別的地方開闢新的天地。

1. 愛迪生的媽媽南希對愛迪生的人生有什麼影響？

2. 愛迪生為女兒和兒子取了怎樣的愛稱？從這愛稱中，你覺得愛迪生對工作的態度是怎樣的？

九　會説話的機器

1876年，愛迪生在距離紐約二十四英里，鄰近賓夕法尼亞鐵路的門羅公園建立了一個新的研究發明實驗所。這是世界上最早出現的研究機構，它專門從事發明的工作，並以獲得的專利費作為研究經費。

在這裏，愛迪生招募了許多優秀的科學家、技術人員和工人，當中有一部分是他原來新澤西州紐西克時的下屬。

愛迪生給自己定下一個目標：十天有一項新發明。功夫不負苦心人，愛迪生在門羅公園完成了許多大大小小的發明項目，其中包括幾項震動全世界的重大發明，人們稱他為「門羅公園的魔術師」。

在這研究室最早產生的發明是新的電話送話器——碳阻電話。

電話最初是由年輕的蘇格蘭裔美國科學家貝爾研究成功的，但貝爾的電話發話器聲音不夠清晰，這使

知識門

貝爾：

（1847～1922），電話發明者。生於英國，後移居美國，對語音學有研究。在波士頓大學擔任嗓音生理學教授期間，進行了利用電流傳送聲音的試驗，於1876年發明了電話。

電話不能廣泛地應用。於是愛迪生着手改良電話的發話器，讓它發音清晰。他試驗了五十多種物質，雖然每一種都比前一種效果理想，但始終沒有一種是愛迪生滿意的。

一天深夜，愛迪生在實驗室工作時，突然，油燈熄滅了，他發覺一種黑色的煙灰能使煤油燃燒，並可以黏附在燈的玻璃片上。愛迪生由此受到啟發，發明了碳阻電話送話器。這種電話發音十分清晰，電話由此而得以普及使用。

此外，愛迪生還「發明」了今天美國人使用電話時用的口頭禪：「喂！」

起初，貝爾的電話機首次使用時，所發出的第一句話是：「是你嗎？」但愛迪生認為這句話太費時間，於是他在試驗電話機時，首先叫了一聲「喂！」至今，這句話成了美國人使用電話時說的第一句話，當然，這句話後來在許多國家都應用了。

受碳阻電話某些特性的啟示，愛迪生又發明了造福全人類的留聲機。

早在慈母去世時，愛迪生就曾萌發過要發明一種能留住人類聲音的機器的想法，但因時機未成熟，愛迪生未能把它付諸行動。

有一天，愛迪生正在測試電話機時，發現薄片會隨着說話的聲音相應地震動。他靈機一動，可不可以再通過震動，讓薄片發出原先說話的聲音呢？根據這個原理，不就可以把聲音留住了嗎？

想到此，愛迪生有些興奮。他立即根據這個想法繪成一張草圖，第二天早上，一回到辦公室，他就把草圖交給助手克魯西：「克魯西，快，請你快些替我把這台機器製造出來。」

克魯西一邊看着這張奇怪的圖紙，一邊問：「這台機器是用來做什麼的？」

愛迪生笑着說：「這是一台會說話的機器，就像我和你一樣，會說話，明白了吧？」

克魯西搖了搖頭，「機器也會說話？我不相信。」

愛迪生拍了拍他的肩膀說：「那你就等着看吧！」

克魯西馬上動工，他像以往一樣，又是通宵工作。三十個小時後，克魯西把機器造好了。

「忙了一個通宵，你回家好好睡一覺吧！」愛迪生對克魯西說。

「不，如果這台機器會說話，我倒很想聽聽。」

「那好吧，我們開始了。」

聽說「老頭子」製造了一台會說話的機器，實驗室

的工人全都跑來了。他們擠在機器的周圍，很感興趣地看着。

愛迪生轉動機器的轉盤，並對着那個喇叭形的長管大聲唱了起來：

瑪麗有一隻小羔羊，

羊毛白得雪一樣，

無論瑪麗走到哪裏，

羊兒總是跟着不放……

愛迪生唱完後，他把轉盤轉回原來的位置，把第二支磁針放上去，再度轉動轉盤，愛迪生的歌聲清晰地傳了出來。

起初，人們覺得十分害怕，克魯西因為整晚沒睡，身體本來就有點虛弱，此時差點嚇得要倒在地板上了。愛迪生搖晃了一下他的肩膀，說：「克魯西，不要害怕，你對着機器說些話。」

克魯西用德語說了一些話，同樣的情形又發生了。

「啊喲，上帝，這台機器真的會說話啊！」

本來沉寂的實驗室突然爆炸了，人們歡笑着，每個人都爭着要對這台機器說話。整個晚上，他們都在談話、唱歌，然後又再傾聽那沒有生命的機器發出他們的聲音。

　　這事發生於1877年12月6日夜晚。從此，人類文明又進入了一個新的里程。

　　一個星期後，愛迪生帶着完善後的留聲機來到紐約，興沖沖地走進《美國科學論壇》編輯部。這是美國最大的一家科學雜誌社，專門報道有關科學和發明的事情。主編埃利‧畢齊一看到愛迪生進來，便迎上前去：

　　「大發明家，今天又有什麼東西令我開眼界啊？」

　　「不急，不急。」愛迪生一邊把手中的紙皮箱放下，一邊説。

　　「請到這邊來，並把轉盤轉一轉。」愛迪生把留聲機擺弄好後對畢齊説。

　　畢齊不知道愛迪生葫蘆裏賣什麼藥，於是照指示做了一遍。

　　「早安，畢齊先生。您對留聲機有什麼看法？聽完之後，如果有不滿意的地方，請多多指教。」機器傳出了愛迪生的聲音。接下來，是清晰的歌聲和小孩子的哭叫聲、人們的歡呼聲。

　　「神奇！神奇！愛迪生先生，真是太神奇了！」

　　畢齊聽完後大聲讚歎，他親自執筆撰文，以「當代最偉大的發明──會説話的機器」為題，報道了這一重

大發明。

接着，全世界幾乎所有的報紙和雜誌都轉載了這一消息。

聽說門羅公園出現了一台會說話的機器，成千上萬的人爭相前來參觀，賓夕法尼亞鐵路局為此特別增加火車班次來運載人潮。

留聲機成功發明的消息傳到白宮，路斯福特．海斯總統獲悉後十分感興趣，邀請愛迪生到白宮作示範表演。海斯總統看完愛迪生的表演後，緊握着他的手說：「您這一發明實在太好了，它將造福全人類。謝謝您，愛迪生先生。」

留聲機的發明，令愛迪生更加出名了，但愛迪生卻認為這只是平常事一椿。夜空下，他望着滿天星斗，向着茫茫蒼宇禱告：「媽媽，我終於把我的心願了卻了，您的愛爾沒有讓您失望。」

又經過無數次的改進和完善，1889年，在法國巴黎的世界博覽會上，愛迪生成功地演示了面目全新

白宮：
美國總統的辦公處及官邸，位於首都華盛頓的賓夕法尼亞大道，因牆垣皆白色，故名。現為美國政府的代稱。

巴黎：
法國的首都和政治、經濟、文化、交通中心，世界最大城市之一，人口約二百多萬。市內有著名的香榭麗舍大道、凱旋門、羅浮宮等，是世界著名的觀光城市。

的留聲機。為了表彰愛迪生對人類文明的卓越貢獻，法國總統給他頒發了榮譽軍團騎士團長勳章。

榮譽軍團：

這是法國皇帝拿破侖於1802年建立的榮譽組織，成員都是有卓越戰功或其他功績的人。

1. 在門羅公園，愛迪生給自己定了一個什麼目標？他的目標實現了嗎？這對你有什麼啟發？

2. 電話的發明為人類社會帶來了什麼影響？

十 給人類帶來光明

愛迪生對人類最偉大的貢獻是發明了電燈。而在他所有的發明中，也是發明電燈所花費的時間最長，所耗的心血最多，前後歷時十年，光是所作的試驗就超過二萬次，其中用來作試驗用過的竹子就有六千多種，所作的筆記達四萬多頁。

早在18世紀70年代，美國物理學家富蘭克林用放風箏的方法引發出電火花，讓人看到了電世界的曙光。19世紀初，英國化學家戴維用一組電芯和兩根碳棒，製成了人類歷史上的第一盞弧光燈。但弧光燈的光線太強，且燃點時會散發出大量的熱，不適合於室內使用。此外，它的壽命很短，幾個小時後就會燒壞，因此不能普及使用。

知識門

富蘭克林：
（1706～1790），美國科學家、政治家。發明避雷針，並以風箏實驗證明出雷雲的電荷。《獨立宣言》的起草人之一，曾任美國駐英、法代表，主要著作為《富蘭克林自傳》。

戴維：
（1778～1829），英國化學家。曾發現氧化亞氮（笑氣）的麻醉性。1801年被聘為英國皇家化學學院的主講，開始電化學的研究。

弧光燈：
用兩根炭棒插於強電流中，令它顯現青白色的光，如一弧形橋，故叫弧光燈。

　　當時，美國的一些大城市裏已出現了煤氣燈，但在鄉間或小城鎮裏，人們仍然普遍使用煤油燈或蠟燭，因為煤氣燈價格昂貴。同時煤氣燈所產生的氣味十分難聞，一旦漏氣或堵塞，更會引起不堪設想的意外。

　　愛迪生希望自己可以創造出一種更適合於人類使用的燈光，它的亮度像煤氣燈那樣合適，但又沒有煤氣燈那樣的缺點，而且造價要低廉，能夠讓普羅大眾都可以使用。

　　研究電燈的工作開始了，愛迪生給自己的研究定下了一個明確的方向。

　　首先，他去尋找一種可以經由電力的供給而產生熱量的物質，這種熱量熱得足夠令該物質自己發光而不用燃燒或消耗其潛力。

　　接下來，他用各種金屬物質作試驗，結果都失敗了。最後，他發覺最好的物質是鉑。他把鉑線放進一個玻璃容器內，然後把電流輸入。成功了，鉑線發出了微弱的亮光。但是愛迪生發覺，鉑線在空氣裏燃燒得很快。

鉑：
俗稱白金，是一種稀有的金屬，通常用來做戒指。

　　「如果把它和空氣隔離，效果是不是會更好一些呢？」

愛迪生又陷入冥思苦想，他在思索用一種什麼方法可以把鉑線和空氣隔離。

此時，他的助手——玻璃製造師路威‧柏姆走了過來，正想把放在牆角備用的煤油燈拿走。愛迪生心裏突然一亮。

「等一等，柏姆。」愛迪生把柏姆手裏的煤油燈拿了過來，端詳了一會，「對，我要找的正是它。」

柏姆摸不着頭腦，不知道愛迪生在說什麼。

「我找到一個可以隔離空氣的方法了。你快些去替我製造一些玻璃燈泡出來。」愛迪生拍着柏姆的肩膀說，「這個燈泡的形狀是：上面是圓的，下面要有一條長長的柄。」愛迪生一邊說，一邊在紙上畫了一張草圖。

「『老頭子』，燈泡造好了。」第二天，柏姆捧來了幾個玻璃燈泡。

「快拿來，我們立即試驗。」愛迪生指揮柏姆放好燈泡，又大聲叫另一名助手前來。「喬爾，你來把玻璃燈泡內的空氣抽走。」

待一切準備完畢後，愛迪生把電流輸送到燈泡裏。

「啊，燈亮了。看，它比以前光亮多了！」柏姆和喬爾高興地叫起來。

「是啊，看來我們的方向沒錯。」愛迪生的眉頭也舒展開了。

這燈泡發出的光度比鉑線在空氣中發出的光度明亮了五倍，而且鉑線也沒有很快就燒毀。

這是製造電燈過程中的第一次重大成功。愛迪生的構想終於證實是正確的。現在，他要找出一種比鉑線更好的物質作為燈泡內的線圈，因為鉑線容易燒斷，而且價格昂貴。

愛迪生又開始試驗每一種物質，一個星期接着一個星期過去了，由金屬物質到礦物質，愛迪生不停地試驗。

一年過去了，愛迪生試用過的物質達一千六百多種，但沒有一種效果是令他滿意的。

由於經常長時間地注視着很強的電燈光線，愛迪生經常感覺雙眼不舒服。他很害怕有一天他會像失去聽力那樣失去視力。同時，他的資金也不多了，幾家投資的銀行這時也失去了信心。他們告訴愛迪生，如果還不成功，他們就不會繼續支持他了。

愛迪生想放棄了。晚上，他在實驗室裏踱來踱去，二十多年的奮鬥歷程一一湧上心頭。他想到，自己有哪一項發明不是經歷過無數次的失敗才獲得成功的呢？

　　這時，他又想起了慈母的話：「愛爾，只要你認定了方向，就要勇敢地走下去。只要堅持下去，就一定會成功。」

　　「對，我不能就這樣放棄！」愛迪生握了握拳頭。他把自己關在實驗室裏，不斷翻看各種有關書籍，累了，就枕着書籍小睡一會，然後爬起來再幹。

　　一天，一位朋友來看他，見他頭枕着書睡着了，於是把他叫醒，並打趣說：「難怪你腦子裏的知識這麼豐富，原來你是用書做枕頭的，連睡覺時也往腦子裏記書的內容啊！」

　　一次又一次的失敗，令一些工人也失去了信心。一天，一位工人對愛迪生說：「『老頭子』，我們已試驗過一千多次了，但都是失敗的。我們是不是白幹了呢？」

　　「不，」愛迪生拍拍他的肩膀，安慰他說，「我們雖然是失敗了，但卻從中學到了東西。因為我們明白了那項設計不能用現在進行的方法去做，而是應該另闢蹊徑。」

　　一種方法不行，換上另一種方法再幹，直到將問題完全解決為止。這是愛迪生的風格，也是門羅公園的精神。正是這一種精神，令他們最終都能到達勝利的彼岸。

　　這時候，愛迪生的心裏已很清晰了。他知道最理想

的線圈必須具備四個基本條件：

（一）要有高度的抵抗力；

（二）發光面須極少；

（三）有三千度以上的熱量；

（四）有一千小時以上的耐久力。

既然金屬物質和礦物質都不適合，愛迪生另闢蹊徑，找來棉紗做試驗。他把棉紗擺成各種圓弧形，然後放在一個密封的金屬盒裏，再放進爐內烘烤。數小時後，他把金屬盒取出來，打開後，棉紗已變成了炭絲。他小心翼翼地把炭絲取出，但每一次都不成功。

整整一個月，愛迪生和他的工人都在烘烤棉紗，試圖獲得一根完整的棉紗炭絲來作實驗。

1879年10月21日晚，愛迪生和工人們終於成功地把一根沒有破碎的棉紗炭絲放進玻璃燈泡內，然後把空氣抽出來。愛迪生把電流輸送到那黑色的炭絲裏，炭絲立即發出了亮光。

工人們緊張地注視着燈光，大家緊屏着呼吸，等待着舊的線圈燒壞後再換上新的。但是，一小時過去了，燈仍然亮着。

又一個小時過去了，到了第二天吃午飯的時間了，燈仍然亮着。門羅公園所有的人都知道了這個消息，他

們一個接一個來看這燈光。

愛迪生那天晚上沒有回家睡覺，第二天他也沒有回家睡覺。燈光繼續亮着，來看的人越來越多，人們更加驚奇。

燈泡燃亮了四十五個小時。

整個門羅公園沸騰了。人們歡呼着，擁抱着：「成功了！成功了！我們終於成功了！」

「這只是初步的成功，接下來，我們要研製出燃燒一百個小時，一千個小時的電燈。」愛迪生擺了擺手，他同樣興奮，但他明白這只是初步的成功。

愛迪生繼續研究，他要找出一種更好的物質來做電燈裏的線圈。他一樣一樣地試驗，從一小片的木屑到人類的頭髮，最後發覺最理想的是燃燒過的紙張。

這年的12月，愛迪生終於向外界公布他研製電燈成功的消息。他邀請《紐約先鋒報》的一位記者前來門羅公園參觀他的發明。

12月21日，《紐約先鋒報》刊載了愛迪生發明電燈的消息，並告訴讀者，愛迪生將在這一年的除夕夜，讓電燈在門羅公園大放光明。

消息傳出後，人們紛紛湧向門羅公園。這一晚，賓夕法尼亞鐵路公司運載了超過三千人到門羅公園，他們

大部分來自紐約和費城。

這是一個下着大雪的寒冷夜晚，門羅公園裏所有的樹及建築物，以及靠近門羅公園的鐵路兩旁的樹枝都掛滿了電燈泡。

夜幕降臨時，愛迪生把電閘一拉，刹那間，燈光發出耀眼的光輝，照亮了整個夜空。從遠處望去，這些閃耀的燈光又如夏夜的繁星。

人們一下子歡叫起來，他們簡直不敢相信眼前這一美景是真的，以為自己進入了童話世界。

這一晚是除夕夜，人們都穿上了漂亮的衣裳。然而愛迪生卻穿着一身破舊的衣服，衣服上布滿了被實驗用的化學物品弄破的洞，他守在發電機旁邊，人們還以為他是一個普通的工人。

人們不斷地讚歎着，議論着。

「你曾看見過這樣美的東西嗎？」

「真是超乎尋常的事！明明是黑夜，現在變成白天了。愛迪生先生真是門羅公園的魔術師啊！」

門羅公園的燈火，令舉世震撼。賀信、賀電以及禮物從各地不斷地寄給愛迪生，在人們的心目中，他不僅

費城：

全稱費拉德爾菲亞，美國的大城市之一，是重要的鐵路樞紐和海港。1776年美國宣布獨立時為臨時首都，是重要的歷史名城。

是一個偉人，而且是一個能做出自然界不能出現的事的奇人，他的故事被廣泛頌揚。

愛迪生並沒有陶醉在這頌揚的聲音中，他明白，這只是他成功的第一步。要想使電燈能普及應用，真正造福人類，還有許多事情需要做。

首先要做的，是要找到一種能延長電燈泡壽命的物質，並且是一種價值廉宜的物質，這樣才可以把成本降低；其次，要改進發電機和輸電系統，以很低的成本把電力輸送到各地，這樣，才可以令即使是貧窮的鄉間，也可以使用上電燈。

愛迪生成立了一家「愛迪生電燈電力公司」，把這兩項研究同步進行。尋找符合理想的電燈線圈，仍是一個巨大的難題，愛迪生又進行了艱難的實驗。

經歷了無數次的失敗後，1880年夏天一個炎熱的日子，愛迪生搧着一把竹製的摺扇在實驗室裏踱來踱去，又專心致志地思索着電燈線圈的問題。

一不小心，扇子掉到地上，靈光一閃，愛迪生突然想到：為什麼不可以試試竹子呢！

他立即吩咐柏姆，把竹子炭化。出乎意料，這竹子發光的亮度比他以前試用過的任何一種東西都要好。愛迪生欣喜若狂。

「『老頭子』，我們成功了！」柏姆開心得跳了起來。

「不忙，我們還要看看哪一種竹子的效果最好。」愛迪生也難掩內心的喜悅，他立即找來了一本有關竹子的書籍查看。

為了證明哪一種竹子的效果最好，愛迪生派人分別到中國、印度、日本、南洋羣島和南美洲等竹子出產地去尋找竹子，一共搜集了六千多種。愛迪生逐一試驗，結果發覺日本八幡的竹子最適用。

此後，愛迪生就用竹炭絲做電燈線圈。後來，他又發現了鎢絲比竹炭絲還要適用，於是重新改造，這便是直到今天我們仍然使用的鎢絲電燈泡了。

南洋羣島：
即馬來羣島，世界上最大的島羣。在亞洲東南，散布在太平洋和印度洋之間的廣闊海域上，共有大小島嶼二萬多個，陸地面積247.5萬平方公里，分屬印度尼西亞、菲律賓、馬來西亞（東部地區）、文萊和東帝汶。

南美洲：
全稱南亞美利加洲。東瀕大西洋，西臨太平洋，北濱加勒比海，南隔德雷克海峽與南極洲相望，一般以巴拿馬運河為界和北美洲分開。面積約1,797萬平方公里（包括島嶼）。

鎢絲：
熔點和硬度極高的鎢金屬製成的細絲，用於電燈泡中，可增加光度。

鎢絲電燈泡：
以鎢絲做電線圈的電燈泡。近年來，因鎢絲電燈泡耗電量高，不少環保組織甚至不同國家的政府均建議市民轉用能源效益較高的省電燈泡。

1. 從電燈發明的艱難歷程中，你得到了什麼啟示？

2. 如果沒有電燈，我們今天的生活會是怎樣的？

十一　沒有休息的晚年

　　愛迪生的一生，是馬不停蹄地奮鬥着的一生。直到八十多歲的高齡，他仍一如往日地工作、思考、研究，不肯休息。

　　他的發明一個接着一個，源源不絕，僅是1869至1910年間，經美國國家專利局正式登記的發明就達1,328種。八十四歲那年，他還致力於橡膠的研究。

　　繼電燈之後，愛迪生於1881年至1884年間，發明並製造了全世界第一輛運載旅客和貨物的電車，又發明了在行駛中的火車和火車站相互通報的方法，以及各行駛火車間的無線電報。

　　正當愛迪生的事業如日方中之際，他突然遭受到了前所未有的打擊，他深愛的妻子瑪麗因患上傷寒症不幸去世了。

　　這事發生於1884年8月9日一個淒清的早晨，一向堅強的愛迪生難抑心中的悲傷，走到屋外失聲哭泣。

傷寒：

傷寒桿菌引起的急性傳染病，多見於夏季和秋季，由吃進被病菌污染的飲食而感染，患者需要隔離治療。

他對瑪麗有着深深的內疚，一直以來，他都沒有太多的時間陪伴她和孩子，但瑪麗從沒怨言，她懂得研究工作對他的重要性，因而一直在背後默默的支持他。

愛迪生明白，自己的成功，全因為有她的理解和支持，讓他可以把全部心思放在發明上。

瑪麗之死，令愛迪生感到了前所未有的孤寂，他甚至需要調整原來的生活方式來排遣喪妻之痛。門羅公園，也成了一個他不願面對的地方。

兩年後，經朋友介紹，愛迪生認識了十九歲的米勒‧米娜，兩人一見鍾情。

米娜是一個很有教養和文化修養的姑娘，1886年2月24日，他們在米娜家中舉行了婚禮。婚後，愛迪生將實驗室遷離門羅公園，在新澤西州的西奧倫法城建造了一所五層高的實驗室。

1913年1月，紐約的一間大戲院裏，人類歷史上的第一部有聲電影試映了。銀幕上出現了兩位古羅馬英雄：布爾泰思和卡夏思。

兩位英雄互相敬禮後，便開口説話：「我們要警告你們的，不是別的事，是因為你們侮辱了我們……」

銀幕下，掌聲雷動，人們讚歎着：「太神奇了，太神奇了，簡直不可思議！」

這是愛迪生對人類文明的又一重大貢獻，他經歷過艱難的探索和研究後，於1912年發明了有聲電影。

第一次世界大戰期間，愛迪生應美國海軍總部之邀，發明了四十多種軍事用品，為第一次世界大戰的早日結束作出了巨大的貢獻。為此，他獲得了美國政府頒發的一等殊榮勳章。

第一次世界大戰：
1914年至1918年在歐洲進行的前所未有的大戰事。交戰的一方是以德國和奧地利為首的同盟國，另一方是以英國和法國為首的協約國。戰爭歷時4年3個月，參戰的國家有33個，捲入戰爭的人數達15億以上，死傷人數達3000多萬。

1921年，愛迪生七十四歲生日時，一名記者在採訪他時問：「愛迪生先生，您準備什麼時候退休？」

愛迪生很不高興地說：「不應該想到這些。我現在精力還相當充沛，應該勤奮工作才對。」

他八十一歲生日時，人們在紐約為他慶賀生日，他卻沒有來參加。此時，他正在外地緊張地研究從植物中提取橡膠的問題。他先後試驗了一萬四千多種植物，發現了美國的黃花蒿草最有用。他對記者說：「再給我五年時間，我一定讓美國出現常年產膠的植物。」

1929年10月21日，是愛迪生發明電燈五十周年的紀念日子，美國郵電部特別為此發行一枚紀念郵票，上面

印有最初使用的炭絲電燈，並寫着「愛迪生的第一盞燈」。

美國各地舉行了盛大的慶祝活動。全世界的科學家，有的發來賀電，有的親自趕來向他祝賀。

親自到來的貴賓中，有鐳的發現者居里夫人；發來賀電的，有相對論的創始人愛因斯坦。在紐約的慶祝會上，美國總統胡佛向他熱烈祝賀。

當大會司儀宣布愛迪生先生致答謝辭時，全場立刻響起了經久不息的掌聲。愛迪生激動地説：「如果我曾經或多或少地激勵了一些人的努力，我們的工作曾經或多或少地擴展了人類的理想範圍，因而給世界增添了一份歡樂，那我也就感到滿足了。」

就在這一年，愛迪生突然病倒，雖然他靠着頑強的意志戰勝了病魔，但他的身體卻迅速衰弱。

1930年，愛迪生再次病倒，而且病情十分嚴重。人們都預感到，世界將失去一位偉人。

1931年10月18日凌晨3時24分，愛迪生因糖尿病和

居里夫人：

（1867～1934），法國物理學家和化學家。1898年先後發現了釙和鐳的存在，1903年獲諾貝爾物理學獎，1911年又獲諾貝爾化學獎，是諾貝爾獎設立以來，第一位兩次榮獲該獎的人。

愛因斯坦：

（1879～1955），德國物理學家，以發表相對論而聞名於世，1921年獲諾貝爾物理學獎。

腎臟病，在寓所裏安詳地與世長辭。

　　10月21日太陽下山後，美國西部的丹佛市，電燈才亮不久就被熄滅了；中部的芝加哥，高架鐵路車輛和有軌電車都停駛一分鐘，並且全城的燈光同時熄滅；整個密西西比河流域，全是一片黑暗；東部的紐約，除了關鍵的交通信號標誌外，所有的電燈都被關閉，百老匯一片黑暗，全城一片黑暗，連自由神像頂端的火炬也隨之失去了光彩。

　　就在這一分鐘之內，整個美國又似乎回到了煤油燈和煤氣燈的時代。接着，從東海岸到西海岸，電燈又大放異彩，世界一片通明。美國人民以獨特的方式，悼念這位給人類帶來光明的一代偉人！

芝加哥：
在密竭根湖南端，美國的大城市之一，美國最大的鐵路樞紐，最大的穀物和畜牧市場。

密西西比河：
世界第四長河，發源於美國中北部湖沼區，向南流入墨西哥灣，全長六千多公里。航運價值大，除主流外，可通航的支流有四十條。

1. 愛迪生是因什麼疾病去世的，你怎樣評價他的一生？

2. 你希望長大後為社會作出什麼貢獻？

大事年表

公元	年齡	事件
1847年		2月11日，誕生於美國俄亥俄州米蘭鎮。
1855年	8歲	入讀小學，三個月後退學，由母親在家教導自學。
1859年	12歲	在休倫港至底特律的火車上當報童。
1862年	15歲	創辦《先鋒週報》，這是在火車上產生的第一份報紙。
1864年	17歲	在大幹線鐵道公司當電報員。這是愛迪生第一份電報員工作。
1868年	21歲	發明投票紀錄機。這是愛迪生獲得的第一個專利。
1869年	22歲	和富蘭克林・波普合組「波普——愛迪生電訊公司」。同年發明雙重電報機。
1870年	23歲	在新澤西州紐西克的華德街設置實驗室和工廠，開始獨立創業。

公元	年齡	事件
1871年	24歲	4月，母親南希病逝。同年12月和瑪麗·史提威爾結婚，婚後育有二子一女。
1876年	29歲	在新澤西州的門羅公園建立研究發明實驗所。這是世界上最早出現的研究機構。
1877年	30歲	4月，發明碳阻電話。同年12月發明留聲機。
1879年	32歲	10月21日，發明炭絲電燈。這年的除夕夜，愛迪生在門羅公園點亮了五百盞電燈，令黑夜變為白晝，舉世轟動。
1884年	37歲	發明並製造了全世界第一輛運載旅客和貨物的電車。
1884年	37歲	8月，瑪麗·史提威爾因患傷寒去世。
1886年	39歲	2月，和第二任妻子米勒·米娜結婚，婚後育有二子一女。
1889年	42歲	獲法國總統卡諾頒發榮譽軍團騎士團團長勳章；獲意大利國王頒發王冠勳章。

公元	年齡	事件
1891年	44歲	發明活動攝影機。
1912年	65歲	發明有聲電影。
1915年	68歲	獲諾貝爾物理學獎提名。出任美國海軍顧問委員會主席，發明了四十多種軍事用品。第一次世界大戰結束後，獲美國政府頒發一等殊榮勳章。
1922年	75歲	獲紐約《泰晤士報》選為美國當代十二大偉人之中的第一名。
1928年	81歲	獲頒美國國會特別金質獎章，以表彰他對國家的特殊貢獻。
1929年	82歲	10月，美國郵電部發行「愛迪生第一盞燈」郵票，紀念電燈誕生五十周年，美國全國舉行盛大的慶祝活動。
1931年	84歲	10月18日，因患糖尿病和腎臟病逝世。

愛迪生效應

1877年，愛迪生發明了炭絲電燈，但因為炭絲難以抵受高溫，使用不久就會蒸發，導致炭絲電燈泡壽命短暫。

為了尋找最佳的燈絲材料，愛迪生作出了很多不同的試驗。1883年，愛迪生嘗試在電燈泡內的炭絲附近放入一根銅絲，希望銅絲能阻止炭絲蒸發。

雖然實驗的結果，炭絲還是很快被蒸發掉，但愛迪生卻意外地發現了一個有趣的現象：沒有連接電路的銅絲，因接收到炭絲發射的熱電子而產生了微弱的電流。

愛迪生認為這是一項新的發現，所以他申請了專利，把這種現象命名為「愛迪生效應」。但之後，他再沒有對這現象進行深入研究了。

不過，「愛迪生效應」卻啟發了其他人把它應用在電子工業的領域上，並促成了無線電通訊的發展。

愛迪生對未來科技發展的預測

1911年，愛迪生在《大都會》雜誌上發表文章，預測科學技術將如何改變世界。一百多年過去了，有的預測已經實現，但也有的暫時沒有實現或是錯誤的。

例如愛迪生認為電話的智能性將會大大提高，人們通過電話說出適當的名稱，就可以獲得很多相關的市場資訊，這跟今天的智能電話功能十分相似。

他又相信未來的人將以鋼來製造家具，原因是鋼比木材更輕、更便宜。但時至今日，木材依然是家具的主要製造材料之一。

此外，他預測書籍將會由鎳這種金屬元素製成，因為鎳與紙相比，會令書籍更加便宜，書頁更結實、柔軟。但事實上，現今紙質書籍的最大競爭對手是電子書。

愛迪生對科技發展還有其他的預測，但無論正確與否，都反映了他對科技的熱愛和對科技改善人類生活的美好願望呢。

創意寫作

　　假如讓你乘坐時光機回到過去探訪愛迪生，你會跟他說什麼呢？請你以《愛迪生先生，我想跟你說……》為題寫一篇文章吧。